Inhalt

Ein streitbarer Schotte 7

Wie alles begann 19
Jugend 19
Ferien auf dem Land
und ein Piano 25
Bei der Marine 27
Summer in the City 30
South Pacific 31
Erfolge am Theater 33
Requiem for a Heavyweight 36
Lana Turner und Johnny 39
Intermezzi 43
Diane Cilento 44

007 rettet die Welt 49
Geschüttelt, nicht gerührt 49
Ian Fleming 50
Saltzman & Broccoli 52
Die Bond-Filme 59
James Bond jagt Dr. No 61
Swinging London 63
Liebesgrüße aus Moskau 65
Goldfinger 68
Feuerball 71
Man lebt nur zweimal 74
Diamantenfieber 78
Tricks, Slapstick, Bond-Girls 80
Gegenspieler 82
Ein Interview mit Folgen 84
Der Preis des Ruhms 85

Rollenwechsel 89
Hitchcock
und ein Haufen toller Hunde 89
Ein Western und das »Rote Zelt« 95
Eine Ehe zerbricht 103
Die Rückkehr 105
Connery
als Science-Fiction-Held 107

Connery wandert aus 113
Spanisches Leben 113
Historienfilme 114
Micheline Roquebrune 117
Connery geht vor Gericht 119
Robin Hood und andere Helden 120
Kriegs- und Revolutionsstücke 125
Zeit- und Weltraumreisen 130
Never Say Never Again 133
Unsterblichkeit 138

Zurück in die Zukunft 143
Mönche und Ketzer 143
Vaterrollen 146
Russisches Roulette 152
Im Sumpf des Verbrechens 161
König Artus und ein Drache 163
Die Architektur der Liebe 169
Der Ritterschlag 173

Filmografie 176
Literatur 187
Register 188
Bildnachweis 192

Ein streitbarer Schotte

Mehr als alles andere wünsche ich mir,
ein alter Mann mit einem guten Gesicht zu
werden – wie Hitchcock oder Picasso.
Sean Connery

Über keinen anderen lebenden Kinostar sind mehr Su-   **1 |**
perlative im Umlauf als über Sean Connery: *Der Mann*
mit dem größten Sex-Appeal, der beste James Bond aller Zeiten, der
berühmteste Schotte des Weltkinos oder *The sexiest Man of the*
Century, wie die Frauenzeitschrift »New Woman« 1999 feststell-
te. Der Filmkünstler selbst hingegen sieht sich einfach als jemand, der »früher mehr Locken auf dem Kopf hatte«. Er ist der
Typ, der auch in reiferen Jahren kein *face-lifting* nötig hat, der mit
seinen Figuren nicht ins obskure Dämmerlicht flüchtet. Er kennt
keine Scheu, zeigt sein wahres Gesicht, stellt sich dem Sturm der
Zeiten. Sein Wunsch für das Alter ist in Erfüllung gegangen.

Längst hat er James Bond und seine frühen Heldenrollen hinter sich gelassen, bewegt er sich in anderen Regionen. Seine Präsenz hat mit den Jahren zugenommen, er ist zu einer Persönlichkeit mit einer strahlenden Aura gereift. Sean Connery ist
mehr als ein Star – er ist eine lebende Legende. Für Steven Spielberg etwa zählt er zu den »nur sieben echten Filmstars« unserer
Tage.

Der Verlauf von Connerys Karriere gleicht einer Achter-   **2 |**
bahn. Großartige Erfolge und unvergessliche Charakte-
re wie der aufsässige Sergeant Joe Roberts in einem Straflager in   Linke Seite:
Ein Haufen toller Hunde oder der Mönch William von Baskerville   Connery in
in *Der Name der Rose* wechselten sich ab mit weniger Geglück-   dem Hitch-
tem, Flops und Ausrutschern.   cock-Thriller
»Marnie«

Sean Connerys Laufbahn lässt sich, grob skizziert, in zwei Teile gliedern: die Zeit als Geheimagent seiner Majestät 007 James Bond, die ihm zu unerhörter Popularität verhalf, und die Periode nach Bond als Grandseigneur und König Artus des Starkinos. Dazwischen liegen Durststrecken mit schwach belichtetem Zelluloid, die seinem Ruhm aber letztlich nicht schaden konnten. Auch mittelmäßige Filme mit Anstand zu überstehen zeugt von wahrer Meisterschaft. Denn Connery liebt das Risiko, wenn ihm ein Anliegen wichtig genug erscheint, fragt er nicht nach Gage oder Gewinn, stellt er sein Engagement über den Erfolg. So etwa als rebellischer Kohlekumpel mit schwarzem Gesicht in *Verflucht bis zum jüngsten Tag*, der für die Rechte der irischen Bergarbeiter in Pennsylvania sein Leben riskiert, oder in dem Öko-Thriller *Medicine Man – Die letzten Tage von Eden*, in dem er im Kampf gegen Moskitos und korrupte Konzerne das Abholzen von Tropenwäldern zu verhindern versucht.

Obwohl inzwischen mehrere Generationen gut geföhnter Hollywood-Frischlinge nachgewachsen sind, gehört Sean Connery immer noch zum Clan der Superstars. Er war der glanzvollste James Bond aller Zeiten, elegant, voller Ironie, ein Draufgänger mit Charisma, das Urmodell des Geheimagenten 007. Keiner seiner Nachfolger hatte seine Brillanz, konnte ihm auch nur die Pistole reichen. Auch wenn ihm in kritischen Situationen der Schweiß auf der Stirn stand, sich seine glatten Züge verschatteten, wusste der Filmfan, dass James Bond sich aus jeder noch so aussichtslosen Lage befreien würde.

Später, als man Connery mit James Bond gleichzusetzen begann, versuchte er sich dieser Supermann-Rolle zu entledigen, »die ihn wie ein Fluch verfolgte« (Connery). Er wurde allerdings zweimal rückfällig – 007 holte ihn immer wieder ein. Bis er schließlich Geheimratsecken bekam, das Haar ergraute und sich lichtete, der Bart dichter wurde und das Lächeln milder, er die großen Charakterrollen gestaltete. Früher hat er mit Fäusten, Harpunen, Einmann-Raketen und tödlichem Deospray gekämpft, Wunderwaffen eben, heute setzt er wissende Blicke oder ein boshaftes Grinsen ein, gewinnt er durch Witz, Weisheit und Weitsicht. Sean Connerys wuchtige Gestalt füllt die Leinwand ganz aus, sein Gesicht hat sich in eine zerklüftete Urlandschaft verwandelt, ein Fels in der Brandung, der standhält. Er ist immer noch einer der umschwärmtesten Stars des internationalen Kinos und verfügt über mehr Ausstrahlung und erotisches Flair als die meisten seiner jungen Nachfolger.

Sean Connery ist der Erfolg nicht zu Kopf gestiegen, er **3 |** ist seinen Wurzeln treu geblieben. Als Milchmann in der Vorstadt begann er ganz unten und hat sich seinen Platz ganz oben für immer erobert. Er ist ein schottischer Patriot, engagiert sich für den schottischen Film, gründete zusammen mit seinem Landsmann, dem Rennfahrer Jackie Stewart, den Scottish International Education Trust, um jungen Schotten eine Ausbildung zu ermöglichen, als Schauspieler, Rockmusiker, Sozialarbeiter oder Politologe – etwas, das er selbst sich hart hat erkämpfen müssen. »Es hat mich immer geärgert, dass so viele Schotten aus wirtschaftlichen Gründen unser Land verlassen mussten, fünf Millionen leben in Schottland, zwanzig Millionen schottische Abkömmlinge allein in den USA.« Als er 1991 in die Scottish National Party eintrat, bekam er die Mitgliedsnummer 007. Und als ihn die Queen neun Jahre später zum Sir adelte, erschien er zu der Zeremonie im Schottenrock.

Im Jahr 1965 stand Sean Connery in Hollywoods Top-Ten-Liste der populärsten und erfolgreichsten Stars des Jahres auf Platz eins. Er hielt sich bis 1971 unter den Top Ten. Alle Preise, die er im Lauf seiner Karriere einsammelte, zu dokumentieren, würde Seiten füllen. Die wichtigsten Auszeichnungen der letzten Jahre: 1981 verlieh ihm die Stadt Edinburgh die Ehrendoktorwürde, 1991 wurde er Ehrenbürger der Stadt. Den längst fälligen Oscar erhielt er 1987 für eine »Nebenrolle« in *The Untouchables – Die Unbestechlichen*. Im selben Jahr wurde er mit dem British Academy Award (BAFTA) als bester Schauspieler für *Der Name der*

Rose ausgezeichnet. 1998 ehrten ihn die Briten für sein Lebenswerk, 1999 schließlich wurde sein Fußabdruck vor Grauman's Chinese Theatre in Hollywood neben dem anderer unsterblicher Filmgrößen wie Charlie Chaplin oder Marilyn Monroe verewigt.

4 | Kaum ein Schauspieler hat ein so unverwechselbares Mundwerk wie Sean Connery. Er brachte die Stimme Schottlands ins Weltkino. »Ich denke, mein Sex-Appeal liegt in der Stimme«, erklärte er einmal, »unzählige Frauen sagten mir, mein schottischer Akzent sei sehr sexy, deshalb werde ich ihn nie ablegen.« Das klingt wie ein Scherz, als würde Connery sich darüber lustig machen, enthält aber einen Kern Wahrheit. Was zu Beginn seiner Laufbahn als Handicap erschien, sein breiter schottischer Akzent, der in seiner Jugend so stark war, dass ihn selbst manche Engländer nicht verstehen konnten, verkehrte sich im Lauf der Zeit zum Vorteil.

Da Connery aus der Unterschicht kam und keine klassische Schauspielausbildung genoss wie beispielsweise sein Kollege Richard Burton, den er stets bewunderte, bereitete ihm sein Dialekt anfangs ziemliche Probleme. Verschiedene Bühnen lehnten Connery aus diesem Grund ab. Vor seinen frühen Auftritten im Kino und Fernsehen nahm Connery deshalb Sprechunterricht, doch als der Erfolg kam, wurde sein Akzent nebensächlich, im Gegenteil, er geriet zu seinem Markenzeichen.

Dabei hatte er das Glück, dass in den sechziger Jahren regionale Dialekte in Mode kamen, kaum ein Star mehr das vornehme klassische Englisch sprach, das plötzlich irgendwie künstlich wirkte. Schließlich kultivierte Connery seinen Dialekt, selbst James Bond wurde zum Schotten, und als ihn später einmal der Regisseur John Boorman, mit dem er den avantgardistischen Science-Fiction-Thriller *Zardoz* drehte, fragte, weshalb er ihn nie abgelegt habe, antwortete Connery: »Wie, zum Teufel, soll ich sonst wissen, wer ich bin!«

Der schottische Star verlor schon in relativ jungen Jah- ren sein volles Haupthaar, das lag in den Genen der Familie. Connerys Großvater hatte den Spitznamen »baldy« – »Glatzköpfchen«. Der vorzeitige Verlust des Haarschopfes erzeugt bei vielen Schauspielern Alpträume, und wenn kein Haarwuchsmittel mehr fruchtet, hilft in der Regel nur ein Toupet. Connery trug vom ersten Bond-Film an Toupets, und er hasste es. »Sean ist ein total uneitler Mann«, verriet Lois Maxwell, die in allen Bond-Abenteuern als Miss Moneypenny zum Standard-Personal gehört, in einem Interview. »Jeder wusste, dass er ein Toupet trug, und jedes Mal, wenn eine Szene abgedreht war, warf er es in die Ecke.« Sie erinnerte sich, wie Connery eines Tages zu ihr sagte: »Schau mich an, je mehr Haare ich am Kopf verliere, umso kräftiger wachsen meine Augenbrauen.«

Connery ließ sich nur dazu überreden, ein Toupet zu tragen, wenn es die Rolle unbedingt erforderte. Als selbstbewusster und geradliniger Mann baute er darauf, dass er auch ohne Lockenkopf attraktiv war. Auf seine Bond-Jahre folgten kaum noch Filme, in denen er mit Toupet auftrat. Im Alter von sechzig Jahren, kurz nachdem er zum »sexiest man alive« gewählt worden war, speiste Connery eines Abends in einem Restaurant. Da standen drei kahlköpfige Männer auf und applaudierten ihm: »Sie sagten mir, ich hätte viel getan, um sie moralisch aufzubauen.«

Sean Connery ist ein sportlicher Typ, und Golf ist seine große Leidenschaft. Berühmt wurde sein Duell als James Bond gegen Goldfinger auf dem exklusiven Golfplatz von Buckinghamshire, mit dem angeblich Connerys Vorliebe für diesen Sport ihren Anfang nahm. In einem BBC-Interview verriet Connery, dass er schon in frühen Jahren durch seinen Zahnarzt, der unbedingt Englands Amateur-Champion werden wollte, auf das Golfspiel aufmerksam geworden war. Connery: »Ich liebe die Abgeschiedenheit beim Golf. Ich kann viel nachdenken während des Spiels.« Seine zweite Ehe-

Mit Auric Goldfinger (Gert Fröbe) auf dem Golfplatz

frau Micheline hat er bei einem Golfturnier in Marokko kennen gelernt, sie ist selbst begeisterte Golferin und toleriert seine Leidenschaft. Connery ist Mitglied in zwei der prominentesten Golfclubs und ein ausgezeichneter Spieler mit einem niedrigen Handicap. Er verpasst selten ein Turnier seiner Clubs.

Als Junge pflegte Connery eine Reihe anderer Sportarten. Mit seinen Freunden spielte er in den Straßen seines Heimatortes begeistert Fußball, stieg später als Amateur in die Juniorliga auf. Er bekam sogar Angebote von einem weltbekannten Club, Profi zu werden, doch da hatte er sich bereits für den Schauspielerberuf entschieden. Neben Fußball favorisierte er den Boxsport und Bodybuilding.

In seiner Jugend waren Connerys Vorbilder fast ausschließlich Fußballer oder Boxer. Ende der fünfziger Jahre verstärkte er ein Prominenten-Team des Showbiz als Mittelstürmer. Bei der WM-Qualifikation Schottlands 1998 pflegte er ständigen Kontakt mit Craig Brown, dem Manager des Teams. Connery und Rod Stewart, ein anderer Fußballnarr, heizten das patriotische Feuer der Spieler an. Während der Dreharbeiten zu dem Bond-Film *Man lebt nur zweimal* in Japan organisierte die Crew ein Fußballspiel gegen eine lokale Mannschaft. Connery wollte unbedingt mitkicken, Produzent Albert Broccoli war dagegen: »Er darf nicht spielen, er ist nicht versichert.« Regisseur Lewis Gilbert: »Was soll ihm schon passieren?« Connery setzte seinen Dickschädel durch und spielte, verstauchte sich aber nach zehn Minuten den Knöchel, der dick anschwoll. Broccoli war nicht begeistert. Doch dank seiner Fitness als Sportler konnte Connery die knochenharten Anforderungen als James Bond trotz der Verletzung mühelos bewältigen.

Sean Connery ist von klein an Musikliebhaber, und er tanzt gern. Schon als Jugendlicher im Palais de Dance in Edinburgh wirbelte er mit den schönsten Mädchen durch den Saal. In seinem Bond-Comeback *Sag niemals nie* legte der nicht mehr ganz junge Connery einen perfekten Tango mit seiner Partnerin Kim Basinger aufs Parkett. In sein spanisches Heim in Marbella lud er gern die berühmte Flamenco-Queen Solera de Jerez ein, die häufig vor seinen Gästen ihre Tanzkünste demonstrierte. Solera in dem Fan-Magazin »Hello« über Connery: »Er ist charmant und leidenschaftlich und ein naturbegabter Tänzer.«

Anfang der neunziger Jahre kursierte das Gerücht, **6 |** Connery leide an Krebs. Seine Stimme war so angegrif-fen, dass er nicht mehr sprechen konnte. Zuerst vermutete man, es sei Laryngitis, eine Krankheit, an der auch andere Stars wie Humphrey Bogart gelitten hatten. Schließlich wurden ihm ein paar Polypen entfernt, und alles war wieder in Ordnung.

Connery macht heute im Alter von siebzig Jahren den Eindruck eines kerngesunden Mannes. Er sei aber ein Hypochonder, verrät sein Freund Michael Caine: »Frag ihn nie, wie es ihm geht, sonst zählt er haarklein alle seine Zipperlein auf.« »Er hat es geschafft, auszusehen wie nach einer Schönheitsoperation«, schrieb 1996 die »Sunday Times«. »Er sieht keinen Tag jünger aus, als er ist. Aber er sieht besser aus als alle in seinem Alter.« Connery findet Hollywoods Jugendkult lächerlich: »Das Faszinosum des jugend-lichen Aussehens ist ein Alltime-Joke. Es scheint, als wolle man den Tod aufschieben – die einzige Gewissheit im Leben.«

Im Alter von fünfundvierzig Jahren unterzog Connery sich einem ärztlichen Gesundheits-Check. Als die Tests ausgewertet waren, fragte er den Doktor nach dem Ergebnis: »Sie sind in guter Form für einen mittelalterlichen Mann«, war die Antwort. Connery: »Ich bin kein mittelalterlicher Mann!« Der Doktor frag-te: »Wie lange, glauben Sie, werden Sie leben?« »Neunzig Jahre«, antwortete Connery. »Richtig. Und jetzt haben Sie die Hälfte hin-ter sich. Mittelalter!«

Sean Connery wuchs in einem proletarischen Vorort von **7 |** Edinburgh auf und trägt zwei Tätowierungen am rech-ten Arm, eine davon besteht aus den Worten »Mum and Dad«.

Sein Vater Joe, ein ungelernter Arbeiter, verdingte sich in einer Gummifabrik, später bei Rolls-Royce in Glasgow. Die Mutter Euphemia, von allen Effie genannt, war Putzfrau. Sean hat noch einen jüngeren Bruder namens Neil, und er besserte während seiner Schulzeit nebenbei als Milchwagenfahrer das Familieneinkommen auf.

Eines Morgens klopfte ein großer, indisch aussehender Herr an der Tür. Er trug einen Turban und bot orientalische Seide an. Effie gab ihm zu verstehen, dass sie nichts kaufen würde. Er bestand darauf, ihr aus der Hand zu lesen und erklärte: »Sie haben zwei wunderbare gesunde Söhne.« Effie verdrehte die Augen, nicht besonders beeindruckt. Dann sagte der Mann etwas Erstaunliches: »Einer Ihrer Söhne wird eines Tages berühmt werden – sehr berühmt.« Effie war einen Augenblick verdutzt, dann meinte sie: »Das reicht für heute« und schlug dem Mann die Tür vor der Nase zu.

In den fünfziger Jahren kehrte »Big Tam«, wie Sean als Junge gerufen wurde, regelmäßig ins Elternhaus zurück, wo alles noch war wie immer. Er traf seine alten Kumpel in der Kneipe, die sich darüber amüsierten, dass er Schauspieler werden wollte: »Was machst 'n da für einen Scheiß am Theater?« Die Eltern verfolgten aufmerksam seine eindrucksvolle Karriere und konnten es fast nicht glauben, ihren Sohn bald darauf im Fernsehen zu sehen.

Als er längst berühmt war und zu einer James-Bond-Premiere nach Edinburgh kam, lud er die Eltern und die Freunde ein. Einem Reporter des Magazins »Photoplay«, der Effie in der Küche interviewte, in der Bilder ihres Sohnes die Wände zierten, erzählte sie: »Er kommt hier jedes Mal zur Tür herein und sagt: ›Hallo Mutter‹, Filmstar oder nicht – er ist derselbe Junge, der er immer war, ein wilder Kerl. Nichts kann unseren Tommy ändern. Er schämt sich nicht seiner Herkunft.« Connery unterstützte seine Eltern, schlug ihnen vor, nach London zu ziehen, doch sie zogen es vor, in Edinburgh zu bleiben. 1964 konnte er seinen Vater überreden, endlich den mühevollen Job aufzugeben; 1972 starb er an Krebs. Connery: »Du wirst nicht zum Mann, ehe dein Vater stirbt.« Der Tod des Vaters stürzte ihn in Depressionen, er bedauerte, zu wenig Zeit mit ihm verbracht zu haben. Umso mehr kümmerte er sich nun um seine Mutter. Connerys zweite Ehefrau Micheline glaubt, dass er von »Mum« seinen starken Willen und die Disziplin geerbt hat. Effie hat die Familie auch in schweren Zeiten zusammengehalten. Micheline: »Sie war eine starke Frau, sehr reserviert. Ich bin sicher, dass sie sehr stolz auf Sean war, aber das hätte sie nie ausgesprochen.« Die Mutter starb im April 1985 im Alter von siebenundsiebzig Jahren.

8 | James Bond hat ihn zwar berühmt gemacht, doch häufig waren Connerys Glanzrollen Antihelden, Figuren ohne Smoking und schickes Outfit, gegen den Strich gebürstete Typen, mit Haaren auf den Zähnen und Wut im Bauch wie der Gerechtigkeitsfanatiker in *Sein Leben in meiner Gewalt*, der jedes Maß verliert und dabei selber in den Abgrund stürzt. Ähnlich wie Humphrey Bogart verkörperte Sean Connery am Beginn seiner Filmkarriere häufig Gangster, Verlierer oder andere zwielichtige Figuren. In *Operation Tiger* spielte er einen versoffenen Matrosen, in *Die Peitsche* einen kriminellen Geldeintreiber oder in *Die Strohpuppe* einen Erbschleicher, ehe er als James Bond, Weltraumsheriff oder Indiana Jones senior auf die Seite der Guten und Gesetzestreuen wechselte.

Ganz ist der Glanz von James Bond nie von ihm abgefallen. Er ist der Gentleman, der die Dame aus dem Feuer rettet, doch wenn sein Gesicht vor Zorn zu einer finsteren Grimasse wird, kommt für Sekunden der Choleriker zum Vorschein, der die Welt zerreißen will. Er kann dann zum Teufel werden, jedoch ohne die mimischen Verrenkungen eines Jack Nicholson, eher strahlt er wortlosen Grimm aus wie Gregory Peck als einbeiniger Käpt'n Ahab in *Moby Dick*. Dann wieder erscheint er dünkelhaft als neunmalkluger Polizist in *The Untouchables – Die Unbestechlichen*, ein Autodidakt, der stolz darauf ist, sich alles selbst beigebracht zu haben.

Er ist nicht der Mann, der über den Wolken schwebt. Connery hasst Kitsch, vermeidet Effekthascherei. Das Melodramatische liegt ihm nicht. Sein Blick ist ruhig, gelassen. Er bleibt Realist, ein kritischer Kopf, gebildet, aber kein Bildungsbürger. Er hat sich sein Wissen angelesen, der Rest ist Lebenserfahrung. Er ist ein Mann, der jederzeit ein Risiko eingeht, und er sieht aus wie einer, der keine Angst hat vor dem Tod. Seine Energie teilt sich mit, springt über, färbt auf seine Partner ab wie in *The Rock – Fels der Entscheidung* auf Nicolas Cage.

Wenn Sean Connery von sich sagt, er »tauge nicht als Schauspieler, aber für alles andere tauge ich noch weniger«, ist dies eine kühne Untertreibung, die seinen Sinn für Selbstironie und Doppelbödigkeit veranschaulicht. Denn die Rollen, die seine überragende Schauspielkunst offenbaren sollten, folgen spätestens Mitte der siebziger Jahre mit dem »Mann, der König sein wollte«, oder seinem weltenmüden Robin Hood. Andere großartige historische Figuren wie König Artus oder der Franziskanermönch William von Baskerville runden das Bild ab. Sean Connery erreicht dabei seine Meisterschaft mit einer Leichtigkeit, einer Schwerelosigkeit fast, die ihm längst einen Platz im Olymp der Unsterblichen des Kinos gesichert hat.

Wie alles begann

*Ich bin in Edinburgh im siebten Stock
eines Mietshauses aufgewachsen. Ich weiß,
was Armut ist.* SEAN CONNERY

Fountainbridge ist ein Industrievorort süd- **Jugend**
westlich von Edinburgh, eine Gegend, in
die sich selten ein Tourist verirrt. Manufakturen, Brauereien und
eine Gummifabrik schicken ihre Abgaswolken in den Himmel.
Der Ort war im Schottland des 19. Jahrhunderts eine aufstrebende Industriestadt, die inzwischen durch die Kohlekrise herunter-
gekommen und halb verfallen ist.

Thomas Connery, der sich später Sean nannte, kam hier am **Geburt**
25. August 1930 um 18 Uhr 30 zur Welt. Sein Vater Joe Connery
hatte ein Jahr zuvor seine junge Braut Effie geheiratet. Der Name
Connery, der früher O'Connors oder O'Conraoi gelautet haben
muss, verweist auf die irischen Vorfahren der Familie. Sean
Connerys irisch-schottische Herkunft wirft ein Licht auf einige
Eigenarten seines Charakters: Die schottische Geradlinigkeit im
Denken, die in Überlegenheit, aber leicht auch in Starrsinn und
Rechthaberei ausarten kann, ist gepaart mit irischem Tempera-
ment.

Von den vorderen Fenstern des Hauses aus konnte man einen
Blick auf die McEwans Bierbrauerei und die Fountainbar werfen, in der sich jeden Samstagabend eine Menge Leute amüsierten. Die Zweizimmerwohnung der Connerys bestand aus einer
Wohnküche und einem Schlafzimmer und war so eng, dass
Thomas anfangs nachts im unteren Fach des Kleiderschrankes
schlafen musste. Die Toilette befand sich außerhalb der Woh- Linke Seite:
nung.   Als
                                                                 Erbschleicher
Die Connerys waren arm. Joe, dessen Vater als Kesselflicker in »Die
in die Gegend gekommen war, galt als schlichter Mann, der sei- Strohpuppe«

Connery mit
seinen Eltern

nen Unterhalt als ungelernter Arbeiter in einer Gummifabrik bestritt. Seine Frau Effie wurde Weihnachten 1929 zum ersten Mal schwanger. Joe machte Überstunden, um seine kleine Familie ernähren zu können. Er zog damals in Erwägung, die Gegend um Edinburgh zu verlassen, um anderswo eine besser bezahlte Arbeit zu finden, doch Effie war dagegen, so schnell aufzugeben. So wuchs der Junge in Fountainbridge heran, verbrachte dort seine karge Jugend.

Als Fünfjähriger hatte Thomas tiefschwarzes Haar und steckte schon voller Impulsivität und Ehrgeiz. Er konnte bereits lesen und schreiben, war gut im Kopfrechnen und lernte früh, sich auf die Bedingungen des proletarischen Alltags einzustellen. Er streunte mit seinen Freunden am Grand Union Canal zwischen alten Fabriken, Lagerhallen und verrosteten Geräten herum, und oft kam er abends mit zerrissenen Kleidern und aufgeschlagenen Knien nach Hause. Wie die meisten Kinder der Gegend ging er in die Tollcross Primary School. Als 1938 sein Bruder Neil zur Welt kam, mussten die Connerys den Gürtel noch enger schnallen. Die Einkünfte von Joe reichten einfach nicht aus, eine vierköpfige Familie zu ernähren.

Nebenjobs Fußball war die frühe Leidenschaft des kleinen Thomas. Gleich danach kam seine Liebe zu Pferden, während ihm die Schule weniger schmeckte. Im Alter von neun Jahren begann er aus eigenem Entschluss, das Familieneinkommen durch Nebenjobs aufzubessern. Zuerst arbeitete er für den Molkereibetrieb St. Cuthbert in der Grove Street als Milchwagenfahrer: »Ich stand jeden Morgen in der Dämmerung auf und fuhr erst mal eine Runde Milch aus, ehe ich zur Schule ging.« Diese Tätigkeit übte er viele Jahre aus. Als Pferdenarr mochte Thomas den Job bei St. Cuthbert, denn der Milchwagen war noch ein Pferdefuhrwerk. Seine Mutter erzählte später in einem Interview über diese

Zeit: »Immer wieder hat er das Pferd gestriegelt und gebürstet. Und er liebte es sehr, den Wagen zu lenken.«

Später arbeitete er zusätzlich noch abends bei einem Metzger. Damit besserte er das Haushaltsgeld um drei Pfund in der Woche auf, damals eine beträchtliche Summe und ein Betrag, der den Connerys das Überleben sicherte.

So lernte Connery früh die Schattenseiten und Härten des Lebens kennen; diese Erfahrungen seiner Jugend haben später seine grundsätzliche Haltung, seine Beziehung zu Geld und Besitz geprägt: »In Schottland gilt der Grundsatz, jeder ist für sein Geschick verantwortlich. Ich habe damals nicht um Rat gefragt, und niemand hat mich bekehren wollen. Entweder schaffte ich es aus eigener Kraft oder gar nicht.« Thomas' Vater schaffte es eines Tages nicht mehr und ging nach Glasgow, um bei Rolls-Royce zu arbeiten. Reich wurde die Familie dadurch aber auch nicht.

Nach der Grundschule besuchte Thomas die Schule für Natur-
wissenschaften und Technik in Darroch. Nebenbei trug er Zei-
tungen aus, um zusätzlich etwas zum Familieneinkommen bei-
zutragen. Durch seine verschiedenen Nebenjobs war er so in
Anspruch genommen, dass seine schulischen Leistungen nicht
der Rede wert waren. Aber er war stolz, forsch und körperlich gut
trainiert; jedem Jungen, der sich mit ihm anlegte, verpasste er
eine Tracht Prügel oder mindestens ein blaues Auge. Thomas
war sich seiner Kraft aber offenbar noch nicht bewusst. Einmal
zerdrückte er den gläsernen Griff der Tür zum elterlichen Schlafzimmer und zerschnitt sich dabei die rechte Hand. Sein Sinn für
dramatische Effekte hingegen musste wohl schon früh entwickelt gewesen sein, denn seine Eltern nahmen es zunächst als
Jux, als er nach diesem Kraftakt laut schreiend durchs Zimmer
sprang. Sie erschraken dann allerdings nicht schlecht, als sie

seine blutige Hand sahen. »Es war ganz schön harte Arbeit, all die Glassplitter wieder aus ihm herauszuholen«, erinnerte sich sein Bruder Neil.

Thomas bewies schon als Junge Tapferkeit. In einem besonders strengen Winter hatte er sich selbst einen Schlitten gebastelt, mit dem er die steilsten Hänge hinunterrodelte. Beim ersten Mal ging alles gut, aber beim zweiten Versuch kam er von der Piste ab und schoss in einen Wald hinein, wo ihn erst ein dicker Baumstamm aufhalten konnte. Trotz seines blutenden Hinterkopfes war er noch in der Lage, den Schlitten nach Hause zu tragen. Als er dort reaktionslos das Geschimpfe seiner Mutter über sich ergehen ließ, weil er schon wieder zu spät zum Tee gekommen war, fiel Effie plötzlich seine ungewöhnliche Blässe auf. Thomas wurde sofort mit der Ambulanz ins Krankenhaus gebracht; die Wunde am Kopf musste mit zweiundzwanzig Sti-

als Barbar Zed in »Zardoz«, als Berberfürst El Raisuli in »Der Wind und der Löwe« und als Franziskanermönch in »Der Name der Rose« (S. 24)

chen genäht werden. Der Junge verbrachte fünf Tage im Krankenhaus. Als man ihn entließ, sollte er noch Bettruhe halten, doch stattdessen jagte der junge Connery bereits am nächsten Tag wieder mit seinem Schlitten den Hügel hinunter.

Anfang der vierziger Jahre schien in Edinburgh die Zeit der wirtschaftlichen Depression vorüber zu sein, und auch in Fountainbridge rauchten die Schornsteine wieder. Connerys Zeit an der Schule in Darroch näherte sich ihrem Ende. Seine zahlreichen Jobs ließen ihm nicht allzu viel Zeit fürs Pauken, und in dieser Situation bestand er die Aufnahmeprüfung für das Gymnasium nicht. Connery erklärte später in Interviews, dass er es geradezu darauf angelegt habe durchzufallen, denn »auf dem **Fußball** Gymnasium wurde Rugby statt Fußball gespielt« – und er war verrückt nach Fußball. Überhaupt hielt er die Schule damals für nicht geeignet, um in irgendeiner Weise voranzukommen.

1943 verließ er Darroch ohne Abschluss.

In dieser Zeit reifte der Wunsch in ihm heran, Fountainbridge zu verlassen, denn er begriff immer mehr, dass er sonst nie eine Chance haben würde, aus dem beengten Leben, das seine Eltern führten, auszubrechen. Andererseits: Auch nachdem er bereits der berühmte James Bond geworden war, kehrte er immer wieder an seinen Geburtsort zurück. Und als er später seine eigene Filmproduktionsfirma gründete, nannte er sie Fountainbridge Films.

Ein besonderes Erlebnis waren für Thomas jedes Jahr die Ferien bei seinen Großeltern auf dem Land. Neil und Helen MacLean **Ferien auf dem Land und ein Piano** verbrachten ihren Lebensabend in Fife nördlich von Kirkcaldy, wo sie ein Bauernhaus besaßen. Es gab dort Hühner, Schweine, Pferde und sonstige Tiere. Während und nach dem Krieg vergnügte er sich dort zusammen mit seinem jüngeren Bruder. Thomas konnte frei durchatmen, durch die Gegend streunen, nach Herzenslust Fußball spielen und endlich einmal seine Freizeit genießen. Wenn er mit dem Pferd der Großeltern über die grünen Wiesen galoppierte, stellte er sich jedes Mal vor, als Cowboy über die Prärie zu reiten und wilde Abenteuer zu bestehen.

Großen Eindruck auf Thomas machte der Großvater, ein großer breitschultriger Mann mit einer Vorliebe für schottischen Whisky und rohe Eier. Diese mächtige Gestalt hat sich für immer in die Erinnerung des Jungen eingebrannt. Noch zwanzig Jahre später schwärmte Sean Connery von seinem wilden, knorrigen Großvater, der erst im Alter von dreiundneunzig Jahren starb.

Nach seinem Ausscheiden aus der Schule in Darroch konzentrierte sich Thomas ganz auf den Broterwerb. Die Arbeit als Milchfahrer war inzwischen zu einem Full-Time-Job geworden. Das war auch nötig, denn der Vater hatte durch einen Arbeitsunfall seine Anstellung in Glasgow verloren und konnte längere Zeit nicht für die Familie sorgen. Die Mutter arbeitete als Putzfrau, doch die Hauptlast der Sorge um den Unterhalt für die Familie lastete nun auf Thomas' Schultern. Er lieferte jeden Donnerstag mehr als zwei Pfund bei Effie ab, und es gelang ihm trotzdem sogar noch, Geld zu sparen.

Als er sechzehn Jahre alt war, hatte er die Summe von fünfundsiebzig Pfund auf seinem Sparbuch, und er überlegte, was er damit anfangen sollte. Jahrelang hatte er für das Geld geschuftet und sah nun den Zeitpunkt für gekommen, sich ein Motorrad zu kaufen. Doch sein Vater verbot es ihm, er hatte wohl Angst, dass sich Thomas einer Gang anschließen und auf die schiefe Bahn geraten würde. Effie erinnerte sich an diese Geschichte: »Er ließ nicht mit sich reden. Er hatte einmal nein gesagt, und dabei blieb es. In jenen Tagen ließen sich Kinder von ihren Eltern noch was sagen.«

Motorrad

Doch Thomas fand bald ein anderes Objekt seiner Begierde: Eines Tages fuhr ein Lieferwagen am Haus der Connerys vor, und zwei Möbelpacker trugen ein schönes altes Klavier herein. Alle waren begeistert, bis auf Vater Joe, denn niemand in der Familie konnte Klavier spielen. Thomas beteuerte zwar, dass er Stunden nehmen würde, doch keiner glaubte so recht daran. Seine vielen Jobs und der Fußball würden ihm wohl kaum Zeit dafür lassen. Schließlich lernte er jedoch auf zwei Fingern einige Lieder wie »Annie Laurie« oder »The Blue Bells of Scotland« zu spielen. Die Mutter war begeistert von Thomas, und auch Joe schmunzelte in diesen Augenblicken.

Kino

Wie andere Kids auch besuchte der junge Connery gern das gammelige Kino von Fountainbridge mit Namen Blue Halls. Thomas sah dort am liebsten B-Western und *Flash Gordon*. Bei den Mädchen hatte Thomas Connery auch schon als Siebzehnjähriger einen Schlag. John Brady, ein Jugendfreund, erinnert sich: »Er kam besser bei ihnen an als wir alle zusammen – und das, ohne einen Finger zu rühren.«

Die Lebensverhältnisse der Connerys waren nach wie vor ärmlich. Fleisch gab es vielleicht einmal in der Woche, ansonsten bestand die Nahrung aus Porridge, Brot, Kartoffeln und Milch.

Kuchen war Luxus, auch neue Kleidung konnte man sich nicht leisten; stattdessen kleideten sich die Connerys in einem Second-Hand-Shop ein. »Zu Hause saßen wir oft im Dunkeln, schließlich kostete es Geld, das Licht brennen zu lassen«, erinnerte sich Connery später, »wir konnten auch nicht einfach ein Bad nehmen, wenn uns danach war, oder mit der Straßenbahn fahren, denn alles kostete Geld. Ich wollte hingegen schon mehr aus meinem Leben machen ... in Fountainbridge gab es viel zu wenige Dinge, über die man sich freuen konnte.«

Trotz alledem fühlte sich Thomas wohl zu Hause, konnte er als einer der Miternährer der Familie eine gesunde, starke, eigene Identität entwickeln. Zugleich war ihm aber ständig die ärmliche Lage seiner Familie bewusst, und dies wiederum weckte in ihm den brennenden Wunsch wegzugehen.

1946 überraschte der sechzehnjährige Tho- **Bei der Marine**
mas seinen Freund John Brady mit der Mitteilung, dass er wohl nicht mehr lange als Milchwagenfahrer bei St. Cuthbert arbeiten würde. Brady: »Ich verdiente mein Geld als Maler und Dekorateur, doch mit Thomas war es etwas anderes. Er war etwas Besonderes, er platzte vor Energie und Elan aus allen Nähten.«

Einen üblichen Handwerksberuf als Gipser, Maler oder Tapezierer wollte Thomas nicht erlernen. So kam es nicht überraschend, dass Connery eines Tages einen eigenwilligen Entschluss fasste: Ohne sich mit seiner Familie vorher zu besprechen, marschierte er zur Marinebasis von South Queensferry und verpflichtete sich für sieben Jahre als aktiver Matrose. Seine Mutter konnte es nicht glauben und war fassungslos, der Vater fand sich jedoch schnell mit dem Entschluss seines Sohnes ab.

Für Connery sollte sich damit einiges ändern. Er hatte endlich den Schritt aus der Enge der Familie in Fountainbridge gewagt und wollte nun Abenteuer in der weiten Welt bestehen. Leider erwiesen sich seine Traumvorstellungen vom Leben eines Seemanns als trügerisch. Thomas wurde nach seiner Ausbildung Vollmatrose auf der »HMS Formidable«, und es stellte sich schnell heraus, dass er dem Leben an Bord nicht viel abgewinnen konnte. Sein Schiff hielt sich überwiegend in britischen Gewässern auf, und er sah nicht viel von exotischen Ländern, wie er es sich erhofft hatte. Wegen seiner schlechten Schulbildung hatte er auch keine Chance, in einen höheren Rang aufzusteigen. Außerdem bekam er bald mit der strengen Hierarchie an Bord seine Probleme.

Boxen Immerhin wurde Connery in die Boxstaffel der Marine aufgenommen und bestritt knochenharte Kämpfe. Er erhielt auch eine Auszeichnung als Taucher, doch irgendwann ließ das Unwohlsein nicht mehr nach und führte zu ständigen Magenkrämpfen. Als sein Zustand nicht besser wurde, schickten ihn die Marine-Ärzte ins Hospital, wo ein Magengeschwür festgestellt wurde. Der Vollmatrose Connery musste streng Diät halten und jeglichen Stress vermeiden, nur unter diesen Umständen bestand Aussicht auf eine erfolgreiche Heilung.

Man kann davon ausgehen, dass die Enttäuschung über das langweilige Leben an Bord und die strenge hierarchische Ordnung Connery zu schaffen gemacht hatten. Womöglich war jene Krankheit eine Reaktion darauf, seine Aggressionen nach außen nicht abreagieren zu können.

Rückkehr Nach einem achtwöchigen Krankenhausaufenthalt wurde Connery als geheilt entlassen und für die Marine untauglich geschrieben. Das bedeutete, dass er bereits nach drei Jahren Dienstzeit, noch nicht ganz zwanzigjährig, seine vorzeitige Pension erhielt. Zu Hause lud er als erstes seine Kumpel von früher ein und feierte ein großes Fest. Auch wenn Thomas körperlich wieder auf der Höhe war und seinen alten Witz und seine Schlagfertigkeit zurückgewonnen hatte, besteht kein Zweifel daran, dass er die Zeit bei der Marine letztlich als persönliche Niederlage verbuchte. Der Versuch, seinem Leben eine neue Richtung zu geben, war gescheitert. Doch er war erwachsen geworden, reifer – und auch schwieriger.

Nach außen hin ließ er sich nichts anmerken, nur seine Mutter spürte, dass er in einer Krise steckte und seine Selbstachtung zum Teil verloren hatte. Er wohnte wieder zu Hause, wollte sich aber nicht gleich auf irgendeine neue Tätigkeit festlegen. Eines stand für ihn jedoch fest: Wenn er schon von früh bis spät schuftete, sollte auch etwas dabei herausspringen: »Ich will nicht mein Leben lang wie Daddy für einen Hungerlohn arbeiten.«

Thomas nahm nun alle möglichen Jobs an, vom Stahlkocher, Straßenarbeiter, Kohlenausträger bis zum Zementmischer, die schwerste körperliche Arbeit war ihm gerade recht. So verdiente er zehn Pfund und mehr in der Woche. Dafür amüsierte er sich in den Bars und genoss zahlreiche Mädchenbekanntschaften. Nach einem Jahr stellte er allerdings fest, dass ihn dieses Leben im Grunde nicht weiterbrachte und er ziemlich unzufrieden war.

Unterstützung erhielt Connery schließlich durch die British Legion, eine Institution, die ehemaligen Militärangehörigen Hilfe leistet, besonders solchen, die schon früh Invaliden geworden waren. Thomas erhielt ein Stipendium und konnte sich damit in einem Handwerk seiner Wahl ausbilden lassen. Er wählte den Beruf des Möbeltischlers und arbeitete ab 1950 im Familienbetrieb Jack Vinestock. Connery war als Assistent des Chefs tätig und fertigte alles, vom Wandschrank bis zum Sarg. Es war ein angenehmer Job und die Firma hatte Hochkonjunktur, da nach dem Zweiten Weltkrieg ein großer Bedarf an neuem Mobiliar bestand. Doch ein Handwerksberuf war nicht sein Lebensziel. Ständig schossen ihm neue Ideen durch den Kopf, verwirrte er seine Freunde mit verrückten Fantasien.

Eines Tages kam es zu seiner ersten Begegnung mit dem Theater. Sein Arbeitskollege Hogg arbeitete am Abend noch im King's Theatre, um sich nebenbei ein paar Pfund zu verdienen. Er schlug Connery vor, dort einzusteigen, da vor Weihnachten immer noch zusätzliche Kräfte gebraucht würden. Connery und Hogg werkelten hinter der Bühne, waren mit der Ausstattung und den Kostümen beschäftigt und hatten die Bühnentechnik zu

Theater

bedienen. Endlich hatte Thomas eine Beschäftigung gefunden, die ihm Spaß machte. Es war, als blicke er in eine andere Welt.

Summer in the City   Connerys Leben in Fountainbridge gestaltete sich nun abwechslungsreicher, es begann die Zeit, die man als seine »wilden Jahre« bezeichnen könnte. Thomas stand im Mittelpunkt seiner Clique, er wurde von den Mädchen angehimmelt und glänzte als Fußballspieler bei den Oxgang Rovers. Durch den Job am Theater, der allerdings bald endete, stellte sich jedoch noch keine Beziehung zur Schauspielerei her. Doch es wurde bald klar, dass Thomas Connery eine bürgerliche Existenz nicht als seinen Lebenstraum ansah. Er wollte mehr, und obwohl ihm ein klares Ziel noch fehlte, träumte er wieder einmal davon, Fountainbridge für immer den Rücken zu kehren. Anfang 1952 hörte er bei der Möbelschreinerei auf und nahm einen Job als Bademeister im Portobello-Freibad in Edinburgh an.

Es war ein langer heißer Sommer, und Thomas hing samstags im Palais, einer der größten Tanzhallen Schottlands, herum – als Rausschmeißer. Dann schnupperte er fünf Wochen lang als Speerträger in einer Show namens *The Glorious Years* im Empire Theaterluft. Aber die Bühne lockte ihn immer noch nicht, es war einfach nur ein Job wie jeder andere. Seine verschiedenen Einkünfte und die Unabhängigkeit vom Elternhaus erlaubten es ihm, sich endlich seinen lang gehegten Wunsch zu erfüllen – er kaufte ein Motorrad. Und er wechselte nach wie vor die Jobs, stand Modell in der Kunstakademie oder arbeitete als Hilfskraft in einer Druckerei. Neben Fußball betrieb er weiter Body-Building. Ein ehemaliger »Mr. Scotland« schlug ihm vor, Profi zu werden, mit seiner Figur könne er Preise gewinnen.

Doch es kam anders. Thomas hatte sich mit einem älteren Clubmitglied, Jimmy Laurie, angefreundet. Dem war eine Anzeige zur Wahl des »Mr. Universum« in die Hände gefallen, und so knatterten die beiden eines schönen Tages im Jahr 1953 auf Toms

Motorrad nach London, um im Scala Theatre gegen die Muskel-protze der Welt anzutreten. Natürlich waren die armen Schotten den amerikanischen Rambos unterlegen, die eine beeindrucken-de Fleischbeschau boten. »Diese Typen rannten ja nicht mal dem Bus hinterher, weil sie Angst hatten, ein paar Zentimeter Mus-kelumfang zu verlieren«, urteilte Connery, und er wusste, dass ihn dieser stumpfsinnige »Sport« nicht weiter interessierte. Im-merhin gewann er im Leichtgewicht eine Bronzemedaille, wäh-rend Laurie leer ausging.

Ein Teilnehmer des Wettbewerbs, Stan **South Pacific** Howlett, brachte Thomas auf die Idee, sich am Royal Theatre als Chorsänger zu bewerben. Dort probte man gerade das Musical *South Pacific* und suchte noch gut aussehen-de Muskelmänner, die mühelos ein Rad schlagen und ein schö-nes Mädchen über die Bühne tragen konnten. Connery gab sich unverfroren als Sänger und Tänzer aus, wäre aber beim Vorsin-gen um ein Haar durchgefallen. Doch sein forsches Auftreten in Kombination mit seinem imposanten Körperbau zeigten Wirkung. Zum Glück suchte man keine richtigen Sänger, son-dern Matrosen, die in der Chorusline im Hintergrund bei der berühmten Nummer »There is nothing like a Dame« wirbeln sollten.

Das war der erste ernsthafte Schritt in Sean Connerys Schau- **Engagement** spielerlaufbahn. Zwei Tage verbrachte er in einem möblierten Zimmer in London, ehe die Nachricht kam, dass er engagiert war. Für zwölf Pfund die Woche – sensationell! Nach dem Ab-schied von der Familie, die stolz auf ihn war, zog Thomas nach London, wo die Proben zu *South Pacific* begannen. Regisseur Jerry White war fest entschlossen, den Riesenerfolg des Musicals vom Broadway in England zu wiederholen, was ihm auch gelang.

Zuerst war das Engagement ein Abenteuer für Connery. Die Idee, kreuz und quer durch England zu reisen, mit nur einem Auftritt am Abend, gefiel ihm, doch er begriff schnell, dass er sich weiterbilden musste, wenn er diesen lukrativen Job behalten wollte. Erstmals begann er, den Schauspielerberuf ernst zu nehmen. Der Adrenalinstoß durch den allabendlichen Applaus begann zu wirken. Er fand dabei in dem erfahrenen Schauspieler und Regisseur Robert Henderson, der die Rolle des Captain Brackett spielte, einen Mentor. Henderson gab ihm Stücke von Ibsen und andere Klassiker zu lesen und machte seinen Schüler mit der Stanislawski-Methode bekannt, der berühmten Schauspiellehre, nach der viele Stars ausgebildet wurden. Connery vertiefte sich in die Literatur, las neben den wichtigen Dramatikern Proust, Stendhal und Tolstoi und diskutierte mit seinem Förderer über das Theater und die tägliche Praxis auf der Bühne. Doch sein schottischer Dialekt war anfangs so ausgeprägt, dass ihn kaum jemand verstand und man ihn im Ensemble für einen Polen hielt. Mithilfe eines Tonbandgerätes gelang es dem Jungmimen, seinen Akzent abzumildern.

Robert Henderson entfachte Begeisterung für das Schauspiel in Connery, er war derjenige, der das Talent hinter der rauen schottischen Maske erkannt hatte. Der Schauspieler brachte seinem Schüler auch bei, nach Ablehnungen niemals aufzugeben. Connery zog nun sein Selbsterziehungsprogramm mit eiserner Disziplin durch. Mit derselben Energie, mit der er zuvor seine Muskeln aufgepäppelt hatte, trainierte er jetzt seinen Geist. Henderson: »Connery hatte ein geradezu unersättliches Verlangen, die Schauspielkunst von Grund auf zu erlernen.«

Auf der Theatertour mit *South Pacific* durch die englische Provinz verliebte sich der Chorknabe in Carol Sopol, ein sanftmütiges Mädchen aus dem Ensemble. Zuerst sah es nach einer glücklichen Verbindung aus, doch die Affäre nahm ein plötzliches Ende. Carol entstammte einer strenggläubigen jüdischen Familie, und ihre Eltern verboten die Heirat mit einem Goj, einem »Ungläubigen«.

Connery stürzte in eine mittlere Krise, als ihm der berühmte Club Manchester United das Angebot unterbreitete, Fußballprofi zu werden. In seiner Jugend hatte er davon geträumt, einmal als Kicker Karriere zu machen, und nun war die Chance da. Doch Henderson riet ihm mit der richtigen Begründung ab, dass er dafür bereits zu alt sei.

South Pacific wurde in England ein großer Hit; das Musical lief achtzehn Monate en suite und wurde überall auf den britischen Inseln aufgeführt. Als die Truppe Edinburgh erreichte, nannte Thomas sich bereits Sean – nach dem Kultwestern *Mein großer Freund Shane*. Er studierte zwei weitere Rollen ein und spielte gegen Ende der Tournee den Lieutenant Buzz Adams, den anfangs Larry Hagman, der spätere J. R. der Fernsehserie *Dallas*, dargestellt hatte.

Sean

Als Connery 1995 von der »Mail on Sunday« gefragt wurde, was seine Karriere am entscheidendsten geprägt habe, nannte er erstaunlicherweise nicht seine erste James-Bond-Rolle, sondern den Einstand in der Chorusline in *South Pacific*. Und seinen Förderer von damals, Robert Henderson.

Erfolge am Theater

Als Patriot liebte Sean Connery seine schottische Heimat über alles. Doch es stand für ihn schon damals fest, dass er nie wieder seinen Wohnsitz in Schottland haben wollte.

Als nach dem Gastspiel in Dublin 1954 der Vorhang zu *South Pacific* zum letzten Mal fiel, kehrte Connery nach London zurück, doch fand er kein neues Engagement. Damit hatte er nicht gerechnet. Seine Ersparnisse waren schnell aufgebraucht, und er musste sein geliebtes Motorrad gegen ein gebrauchtes Fahrrad eintauschen, um sich über Wasser zu halten. Er bewarb sich bei allem, was es an Bühnen und Shows gab, vergeblich. Die Begründung für die Ablehnungen ähnelten sich: zu groß, zu jung, zu alt, zu schottisch, zu irisch.

Sieben Monate war er arbeitslos, bezog sogar Stütze vom Sozialamt. Aber er dachte nie daran aufzugeben. Um seine Unsicherheit zu kaschieren, gab er sich brüsk und arrogant, und um zu überleben, nahm er die ausgefallensten Jobs an. Er ernährte sich überwiegend von Irish Stew, einem Gericht, das er von seiner Mutter gelernt hatte; es ließ sich mehrmals aufwärmen und die ganze Woche über essen.

In Londons eleganter Abbey Road, die später die Beatles mit ihrem Song unsterblich gemacht haben, lebte in den fünfziger Jahren der Filmjournalist Peter Noble. Eines Tages waren Noble und seine Frau auf der Suche nach einem Babysitter. Der Journalist war nicht schlecht erstaunt, als sich ein großer breitschultriger Herr aus Schottland meldete, der sich als Sean Connery vorstellte. Damit wurde der zukünftige James Bond Babysitter für zehn Schilling pro Abend, Windeln wechseln kostete einen Zehner extra, und so freundeten sich Noble und Connery, der bei einem Kollegen von Noble, dem Autor Llew Gardner, in der Abbey Road zur Untermiete wohnte, an.

Über einen Freund lernte Connery die einundzwanzigjährige Fotografin Julie Hamilton in einem Londoner Pub kennen. Die schlanke Blondine mit den blauen Augen, selbstbewusst, schlagfertig und witzig, strebte eine Karriere im Zeitungsmilieu an. Und sie war mit ihren guten Kontakten zum Schauspiel dem angehenden Theatermimen behilflich, Rollen zu ergattern.

Anfangs fand sie Connery zu groß und langweilig und amüsierte sich über seine Tätowierungen. Eins der beiden Tattoos am rechten Arm, »Scotland forever«, erinnerte an seine Zeit bei der Marine. Doch bei der Hochzeit eines gemeinsamen Freundes kamen sich die beiden dann näher, und Julie verliebte sich in Sean. Für ihn wurde es eine wichtige Beziehung und seine erste »richtige« Liebe.

Julies Mutter war die Schriftstellerin Jill Craigie, ihr Stiefvater der Führer der Labour Party, Michael Foot. Der Mutter gefiel die Verbindung ihrer Tochter mit einem mittellosen Schauspieler wenig, Connerys ungehobelte Manieren verstärkten ihre ablehnende Haltung. Mit Michael Foot lief es besser, mit ihm führte Connery politische Diskussionen.

Julie Hamilton spielte in Connerys früher Londoner Zeit eine wichtige Rolle, nachdem das Musical *South Pacific* ausgelaufen war und er am Theater keinen Fuß in die Tür bekam. Julie sah gemeinsam mit ihm Texte durch, gab ihm Ratschläge und überredete ihn, weiter Sprechunterricht zu nehmen.

Eines Tages marschierte Sean mit Julie los, um ein großes gebrauchtes Doppelbett zu erstehen. Es gelang dem Schotten wie üblich, den Preis um die Hälfte zu drücken, denn das Bett hatte nur drei Beine. Dazu Llew Gardner: »Ich besaß damals dreizehn Bände der Gesamtausgabe von Josef Stalin, für die ich wenig Verwendung hatte. Es handelte sich dabei sowieso um keine glanzvolle Prosa. Wie auch immer, wir dachten, wir könnten sie praktisch als vierten Fuß für das Bett verwenden.« So hatte Connery damals ein abwechslungsreiches Programm. Tagsüber las er sich durch die Werke von Proust, Joyce oder Shakespeare, nachts lag er mit Julie auf Stalins Werken.

Sein alter Freund Henderson vermittelte ihm schließlich im November 1955 eine Rolle im Q Theatre, wo Agatha Christies *Zeugin der Anklage* gegeben wurde. Es handelte sich zwar nur um die stumme Rolle eines Gerichtsdieners, doch Connery wertete sich durch ein prächtiges Kostüm auf. Das allerdings zog die Aufmerksamkeit von den Hauptdarstellern ab, und der Jungmime musste künftig auf die Kostümierung verzichten. Das Q Theatre war ein Ort, an dem zahlreiche britische Schauspieler ihre ersten Bühnenerfahrungen sammelten, so Vivian Leigh, Flora Robson, Joan Collins und sogar ein gewisser Roger Moore.

Zeugin der Anklage

Nach dem Gerichtsreißer *Zeugin der Anklage* schien der Knoten geplatzt. Das Stück – es wurde 1957 mit Charles Laughton und Marlene Dietrich verfilmt – wurde im Februar 1956 abgesetzt, doch Sean Connery fand umgehend neue Engagements. Ein Regisseur des Oxford Playhouse, dem er in dem Christie-Stück aufgefallen war, bot ihm den Pentheus in dem griechischen Klassiker *Die Bacchen* von Euripides an. Von nun an bekam er auch größere Rollen, so in Eugene O'Neills *Anna Christie* als Partner von Jill Bennett oder in *The Good Sailor*, einer Dramatisierung des Melville-Romans »Billy Budd«. Connery baute auf das Prinzip »learning by doing«, schaute die Tricks und Manierismen seiner Kollegen ab und war sich nie zu schade, Fragen zu stellen.

Der damals viel gespielte Dramatiker John Osborne, berühmt geworden durch sein Erfolgsstück *Blick zurück im Zorn,* lehnte Connery allerdings als Darsteller für sein Musical *The World of Paul Slickey* ab; verlangt waren eine kräftige Singstimme und erotische Ausstrahlung. Osborne später in seiner Autobiografie über seine Entscheidung: »Ein monumentaler Fehler.«

Bis Anfang der sechziger Jahre spielte Sean Connery auf verschiedenen Bühnen Hauptrollen in Stücken moderner Klassiker wie Luigi Pirandello, Arthur Miller oder Jean Anouilh. In Giraudoux' *Judith* stellte er seinen imposanten Körper, nur mit einem Lendenschurz bedeckt, als Holofernes zur Schau. Er wurde dabei von dem künftigen James-Bond-Regisseur Terence Young bewundert, und das sollte Folgen für seine Karriere haben. Auch Robert Henderson befand sich unter den Zuschauern: »Ein ziemlich schwaches Stück. Sean tat sehr wenig dabei ... Aber daraus entstand Bond.«

Connerys Versuch, am Old Vic Theater zu landen, scheiterte jedoch am Snobismus der berühmten Bühne. Man gab ihm den Rat, zuerst Sprechunterricht zu nehmen. Als er später zu Ruhm gekommen war, rächte sich Connery mit der öffentlichen Aussage: »Qualität findet man nicht nur am Old Vic.«

Requiem for a Heavyweight Connery konnte sich nun wieder einen »heißen Ofen« leisten, um zwischen der Abbey Road und den verschiedenen Bühnen und Drehorten hin und her zu kurven. Denn inzwischen hatte auch das Fernsehen seine Kameras auf ihn gerichtet. Zuerst erhielt er Minirollen als »junger Dieb« oder »italienischer Portier«, doch plötzlich kam eine echte Herausforderung auf ihn zu: *Requiem for a Heavyweight* hieß die TV-Produktion, der im März 1957 von der BBC ausgestrahlt wurde.

Es war die Story eines ehemaligen Boxweltmeisters, der, durch eine Augenverletzung aus der Bahn geworfen, immer tiefer sinkt und am Ende in billigen Shows als Clown gedemütigt wird. Die Rolle des Mountain McClintock sollte ursprünglich Jack Palance spielen, der jedoch wegen anderer vertraglicher Verpflichtungen in Hollywood kurzfristig abgesagt hatte. Damit hing Produzent Alvin Rakoff in der Luft. Er suchte verzweifelt nach einem Ersatz, was sich als schwierig erwies, weil viele Schauspieler schon die physischen Voraussetzungen nicht erfüllten. Im Gespräch war der Ex-Boxer Freddie Mills, da schlug Rakoffs Frau Jacqueline Hill Connery vor. Rakoff war zunächst dagegen, doch sie überzeugte ihn mit der Bemerkung, dass »die Frauen ihn lieben würden«.

Julie übte den Text immer wieder mit Connery ein, dennoch war er nervös, denn das Stück sollte live gesendet werden. Doch als es dann im TV-Studio losging, verflog sein Lampenfieber **Fernsehen** schlagartig. Und so konnte der bis dahin hart arbeitende, zuverlässige, aber unbekannte Nebendarsteller erstmals beweisen, dass er auch in einer Hauptrolle eine gute Figur machte. Dabei kam Connery seine Karriere als Boxer bei der Marine zustatten, und dass er oft ungeschickt wie ein Punchingball durch die Szene taumelte, machte die Figur glaubhaft. Bei allen Unebenheiten lieferte er das raue Porträt eines Boxers, der am Ende in den Seilen hing.

Connery selbst fand es »extrem verrückt. Live im Fernsehen aufzutreten war verrückt.« Das Presse-Echo war allerdings überwältigend. Eine Zeitung schrieb: »Physisch hat Sean die Power einer Marlon-Brando-Figur.« Auch Robert Henderson war begeistert von Connery: »Er wirkte wie ein echter Preisboxer, strahlte diesen Magnetismus aus.« Connerys Eltern und die alten Kumpel in Fountainbridge saßen natürlich auch vor der Mattscheibe und waren stolz auf »Big Tam«, wie er zu Hause immer noch hieß. Sean Connery war zwar noch lange kein Star, aber er wurde erstmals in der Branche wahrgenommen.

Eine kleine Nebenrolle hatte es für den jungen Wilden auch schon in dem britischen B-Picture *Die blinde Spinne* (*No Road*

Back, 1956) gegeben, in dem eine blinde, schießwütige Lady im Mittelpunkt stand. Der Slogan lautete: »Eine Unterwelt-Königin ... verstrickt in einem Netz aus Verbrechen, Mord und Liebe«. Connery spielte in der seichten Story mit zerzaustem Haarschopf eine tumbe Gangstertype, die stottert. Die Dialoge waren ihm zu dümmlich, doch als er sich bei Regisseur Montgomery Tully über den Sprachfehler beschwerte, bemerkte er, dass Tully ebenfalls ein Stotterer war.

Der Film kam im Februar 1957 in die Kinos und war schnell vergessen. Als der Verleih den Streifen 1965 auf dem Höhepunkt des Bond-Fiebers noch einmal mit Connery als Star ankündigte, randalierte das Publikum im Kino zu Recht.

Ab diesem Zeitpunkt kam Bewegung in Connerys Karriere beim Film und auf dem Bildschirm. Im Fernsehen war er zwischen 1957 und 1961 in zahlreichen Stücken zu sehen, noch einmal als Boxer in *The Square Ring,* aber auch in *An Age of Kings,* einer Shakespeare-Adaption. Häufig waren es TV-Aufzeichnungen von Bühnenklassikern wie *Colombe* von Jean Anouilh, *Hexenjagd* von Arthur Miller oder *Anna Karenina* nach Leo Tolstoi, um nur einige zu nennen.

1957 gab es auch eine Wiederbelebung von O'Neills *Anna Christie.* Dabei lernte Connery eine junge Schauspielerin namens Diane Cilento kennen, sie sollte die weibliche Hauptrolle übernehmen. Er war bei der ersten Begegnung von ihrer kapriziösen Erscheinung sehr beeindruckt. Diane hatte zu dieser Zeit schon Karriere beim Theater und Film gemacht und wurde in den Klatschspalten gern als »Sexkätzchen der Topklasse« bezeichnet. Tatsächlich war sie eine hoch begabte junge Schauspielerin, hatte bereits als Teenager in *Romeo und Julia* in Manchester geglänzt und danach in London in *Tiger at the Gates* als Partnerin von Michael Redgrave die schöne Helena in einer Inszenierung gespielt, für die sie in New York am Broadway als beste Schauspielerin des Jahres ausgezeichnet wurde.

Als Connery seiner Freundin eines Abends erzählte, dass sie unglaublich schöne Augen habe, fragte Julie: »Wer?« Sean ant-

Diane Cilento

wortete wahrheitsgemäß: »Diane.« So endete Connerys Liaison mit Julie Hamilton nach eineinhalb Jahren etwas überraschend.

Sean machte Diane, die noch wenig Erfahrung beim Fernsehen hatte, den Vorschlag, die gemeinsamen Textproben zu *Anna Christie* auch privat fortzusetzen. Connery war noch nicht an den Umgang mit glamourösen Schauspielerinnen gewöhnt; für ihn war Diane wie für jeden, der aus der Unterschicht kam, eine Traumfrau. Sie bedeutete eine Herausforderung für sein männliches Ego. Beim ersten Treffen in ihrem Haus legte er sich einfach auf den Fußboden, um sie zu verwirren.

Diane fand sein Benehmen ein wenig schroff, schätzte ihn aber sehr als Kollegen. In einem Interview erklärte sie später: »Wir haben uns erst etwa ein Jahr nach unserer ersten Begegnung ineinander verliebt. Er war damals nicht annähernd so attraktiv.«

Ehe der aufstrebende Schauspieler einige Jahre später als James Bond endgültig den Durchbruch schaffte, gab ihm nur das Fernsehen Gelegenheit, seine darstellerischen Fähigkeiten zu entwickeln. Ein letztes Mal übernahm Sean Connery im Februar 1969 für einen TV-Mehrteiler eine Rolle. Die Trilogie hieß *MacNeil*, und bei der Veranstaltung ging es um einen wohltätigen Zweck, für den sich auch andere Stars wie Michael Caine, Paul Scofield und Laurence Olivier zur Verfügung stellten.

Connery (2. v. r.) in »Duell am Steuer«

Lana Turner und Johnny

Der herausragende Kinofilm des Jahres 1957 mit Sean Connery in einer kleinen Rolle hieß *Duell am Steuer (Hell Drivers)* ein harter Action-Thriller aus dem Trucker-Milieu, reißerisch, aber mit gesellschaftskritischem Hintergrund. Und das Beste daran war die Besetzung: Sie bestand praktisch aus allen aktuellen und kommenden Stars und Kultfiguren des britischen Films jener Zeit. Zu nennen wären Stanley Baker,

Patrick McGoohan, Peggy Cummings und Herbert Lom. (McGoohan bewarb sich später ebenfalls um die Rolle des James Bond, unterlag aber gegen Connery.) Nicht zu vergessen Regisseur Cy Enfield, der Michael Caine groß herausbrachte und ebenfalls zum magischen Zirkel des britischen Films gehörte.

Nebenrollen Zwei weitere Kinofilme mit Nebenrollen für Connery folgten, *Zwölf Sekunden bis zur Ewigkeit* (*Time Lock*, 1957) und *Operation Tiger* (*Action of the Tiger*, 1957), letzterer unter der Regie von Terence Young und ein Film, auf den Connery seine Hoffnung setzte. Die klischeehafte Schmugglerstory aus dem Kalten Krieg fiel jedoch glatt durch, aber Young versprach Connery: »Eines Tages werde ich es wieder gutmachen.« Und er hielt Wort.

Inzwischen hatte der überraschende Erfolg von *Requiem for a Heavyweight* eine neue Situation geschaffen, plötzlich kamen die Filmstudios auf Sean Connery zu und boten ihm Verträge an. Die britische Rank Organisation und Twentieth Century Fox konkurrierten um Connerys Gunst, doch der ließ sich Zeit, prüfte die Angebote in Ruhe und entschied sich dann für einen Sieben-Jahres-Vertrag mit der Fox, was sich bald als Fehler herausstellen sollte. Fox zahlte einhundertzwanzig Pfund die Woche – fürs Nichtstun, denn man bot ihm keine vernünftigen Rollen an. Und Connery war schon damals ein unabhängiger Geist – wenn er von einem Film nicht überzeugt war, lehnte er die Mitwirkung ab.

Schließlich erklärte sich Fox bereit, ihn an ein anderes Studio auszuleihen. Die Paramount bereitete einen Film mit dem Hol- **Herz ohne Hoffnung** lywoodstar Lana Turner unter dem Titel *Herz ohne Hoffnung* (*Another Time, Another Place*, 1958) vor. Das Starsystem, das bedeutete, dass Kinostars langfristig an Studios gebunden waren, lag damals in den letzten Zügen. Neben anderen Größen der klassischen Hollywood-Ära wie Clark Gable oder Gene Kelly war auch Lana Turner von MGM gefeuert worden und darüber nicht unglücklich: »Man hat mich freigelassen. Ich kann für jeden arbeiten, der mir gefällt.«

Wegen ihrer Vorliebe für allzu enge Pullover wurde Lana Turner berühmt als »Sweater Girl«. Im Melodram entzündete sie ihr

Mit Lana
Turner (oben)
und als
Kriegsbericht-
erstatter in
»Herz ohne
Hoffnung«

Feuer als glamouröse Blondine, die Sündiges versprach, wobei ihr fulminantes Privatleben ihre Filmrollen häufig weit übertraf. Lana Turner war siebenmal verheiratet und damals gerade von Hollywood-Tarzan Lex Barker geschieden. Der Star mit einer Vorliebe für harte Männer ging nun eine neue Beziehung mit dem Kleinkriminellen Johnny Stompanato ein, den ihre Tochter Cheryl Crane als »Hintertreppen-Lover« bezeichnete.

Als Lana Turner Sean Connery persönlich als ihren Filmpartner auswählte, lag der Höhepunkt ihrer Karriere hinter ihr, aber sie war immer noch ein großer Star. Der Aufsteiger aus Schottland und die Diva verstanden sich auf Anhieb gut. Im ersten Teil des Melodrams entwickelt sich eine heftige Liebesbeziehung zwischen Connery in der Rolle eines englischen Kriegsberichterstatters und seiner amerikanischen Kollegin. Doch nach sechsundzwanzig Filmminuten haucht Connery sein Leben aus, und danach verflacht die Story merklich. Die Romanze auf der Leinwand hatte allerdings so überzeugend gewirkt, dass plötzlich der eifersüchtige Johnny Stompanato in natura auftauchte und Lana Turner und das Filmteam durch wilde Drohungen auf Trab brachte. Er war gefährlich wie ein Rasiermesser, denn er hatte immerhin zur Bodyguard des berüchtigten Gangsters Bugsy Siegel gehört. Als er eines Tages im Studio erschien und mit einem Gewehr auf Connery anlegte, schlug der ihn mit der Faust zu Boden. Regisseur Lewis Allen wurde es zu bunt, er ließ den Gangster durch Scotland Yard abführen, Mr. Stompanato wurde des Landes verwiesen.

Die Geschichte hatte allerdings ein makabres Nachspiel. Ein Jahr später weilte Connery bei den Dreharbeiten zu dem Walt-Disney-Film *Darby O'Gill and the Little People* in Hollywood, als er einen Anruf erhielt: »Du solltest besser die Stadt verlassen.« Die vierzehnjährige Cheryl Crane hatte Johnny Stompanato mit einem Messerstich in den Bauch getötet, als der Mafioso wieder einmal ihre Mutter böse attackierte. Daraufhin wurde Connery von der Mafia, die nicht an die Tat Cheryls glaubte und ihn für den Mörder hielt, bedroht.

Connery hatte nicht vor, sich einschüchtern zu lassen, zog dann aber doch auf den Rat von Walt Disney in eine Pension im San Fernando Valley mit dem Namen Bel Air Palms Motel um. Der Disney-Märchenfilm wurde der erste internationale Hit in der Laufbahn Connerys, dessen Name nun auch in Hollywood in heller Leuchtschrift erstrahlte.

Der Film mit Lana Turner erregte weniger Aufsehen als der mit ihm verbundene Skandal und die Sensationsmeldungen. **Intermezzi** Und mit dem Walt-Disney-Film wurde Sean Connery zwar international bekannt, doch es folgten keine interessanten Filmangebote nach. Er spielte weiter Theater, und seine Bindung zu Diane Cilento vertiefte sich, eröffnete ihm neue Perspektiven.

Die Fox verstand es nach wie vor nicht, ihm adäquate Rollen anzubieten. In England wurden langweilige Filme über Alligatoren, Meerjungfrauen und Ärzte gedreht. In Hollywood trat eine neue Generation junger Rebellen ins Scheinwerferlicht, deren Protagonisten Marlon Brando und James Dean hießen. Sean Connerys Karriere als Filmstar drohte sich im Nirgendwo zu verlieren.

Er übernahm eine winzige Rolle in *Tarzans größtes Abenteuer* **Tarzan** (*Tarzan's Greatest Adventure*, 1959), den Urwald-Helden gab Muskelmann Gordon Scott, und gedreht wurde in Afrika. Beim Fernsehen und auf der Bühne wurde Connery im Gegensatz zum Film jedoch nach wie vor gut beschäftigt. Was die Fox betraf, verhielt sich der Jungstar ziemlich unangepasst: Wenn ihm die angebotene Rolle nicht gefiel, schaltete er auf stur. Die Abneigung war aber durchaus gegenseitig.

1960 verkörperte Connery in dem britischen Gangsterfilm *Die* **Die Peitsche** *Peitsche (The Frightened City)* einen brutalen Typen, der Schutzgelder eintreibt. Die Geschichte spielt in den Striptease-Clubs von Soho, die Hauptrolle hatte Herbert Lom. In einem weiteren englischen Film, *On the Fiddle* (1961), war Connery ein Gauner

und Frauenheld, der sich im Zweiten Weltkrieg wider Willen der
Royal Air Force anschließt und hinter den feindlichen Linien die
Deutschen in die Irre führt.

**Der
längste Tag**
Die Fox bot ihm 1961 eine Rolle in dem Film *Der längste Tag*
(The Longest Day) an, eine Mammutproduktion über die Lan-
dung der Alliierten 1944 in der Normandie. Die Rolle war so
klein, dass Connery nicht einmal in der Besetzungsliste genannt
wurde. Danach kündigte er den Vertrag mit der Twentieth
Century Fox.

Inzwischen hatten die Produzenten Broccoli und Saltzman die
Rechte an Ian Flemings James-Bond-Romanen erworben und
suchten einen Schauspieler, die ideale Besetzung für die Rolle
des Geheimagenten 007.

Diane Cilento Von Connerys Verbindung zu Diane Cilento, die zuerst von gegenseitiger Bewunde-
rung geprägt war, wussten Anfang der sechziger Jahre nur die
engsten Freunde. »Die Beziehung zwischen beiden war nie lang-

weilig, sondern blieb explosiv und unberechenbar; gelegentlich kam es zu heftigen Szenen und auch zu Trennungen«, weiß Connery-Biograf John Parker. Auf Connerys Seite gab es angeblich ein paar Techtelmechtel, wenn man der Klatschpresse glauben darf. Parker berichtet weiter, dass Connery als junger Mann die Mädchen mit Erfolg umwarb: »Er erzählte selbst, er habe seine Unschuld so früh verloren, dass er sich gar nicht richtig daran erinnern könne. Aber er bewahrte stets eine gewisse Zurückhaltung und gab offenbar den Verlockungen der neuen Freizügigkeit nicht nach, als würden sie ihn von seinem großen Ziel ablenken, ein berühmter Schauspieler zu werden.«

Diane Cilento war ebenfalls eine ehrgeizige Frau, die ihre Karriere sehr wichtig nahm. Das ist etwas, was sie bei aller Gegensätzlichkeit mit Sean Connery verband, was aber auch im Lauf der Zeit zum Reibungspunkt wurde. Die Klatschkolumnistin Hedda Hopper, die einige Zeit mit ihr verbrachte, schrieb über Diane: »Sie ist ein zartes, lebhaftes Mädchen mit glatten weizenblonden Haaren, grünen Augen und einem großen beweglichen Mund – mütterlicherseits eine französisch-schottisch-dänische Mischung, während ihr Vater Italiener ist.«

Als Diane Cilento zum ersten Mal Connerys Eltern in Fountainbridge besuchte, verstand sie sich vor allem mit seiner Mutter prächtig, die fasziniert von Dianes Geschichten und ihrem Akzent war. Die junge Frau bewegte sich in dem Hause so, als hätte sie schon immer dort gelebt.

Aus der Freundschaft mit Diane wurde eine intensive Liebesbeziehung, Sean war beeindruckt von ihrer Intelligenz. Unter ihrem Einfluss begann er wieder regelmäßig zu lesen, nahm Schauspielunterricht und arbeitete hart an sich. Beide besuchten gemeinsam einen Kurs bei dem schwedischen Tänzer Yat Malmgeren, der aus dem Ballett von Kurt Joos hervorgegangen war. Connery: »Hier ging es darum, den körperlichen Ausdruck sozusagen von innen her zu gestalten und eine Umformung zu entwickeln, die vom Kopf bis zu den Zehenspitzen ging; der Körper sollte als Instrument perfekt eingesetzt werden.«

Cilento und Connery stammten aus zwei verschiedenen Welten; er kam aus einem proletarischen Vorort von Edinburgh, sie aus einem großbürgerlichen australischen Elternhaus. Die beiden waren sich allerdings von ihrem Temperament her sehr ähnlich. Dianes Geburtsort hieß Mooloolaba in Queensland, Australien, anderen Quellen zufolge wurde sie in Neuguinea geboren. Sie beherrschte mehrere Sprachen, war weit gereist und hatte eine hervorragende Ausbildung genossen. Ihr Vater Raphael Cilento war ein Arzt italienischer Abstammung, die Mutter eine anerkannte Gynäkologin, Dianes Großvater hatte noch unter Garibaldi für die Freiheit in Italien gekämpft.

Raphael Cilento erhielt eine Berufung an die Weltgesundheitsbehörde (WHO) in New York. Diane durfte an der Carnegie Hall Ballettunterricht nehmen und studierte an der American Academy of Dramatic Arts. In ihrer Jugend war sie sehr rebellisch; sie setzte in London ihr Studium fort und jobbte nebenbei in Bars oder als Zirkusprogramm-Verkäuferin, um von ihren reichen Eltern unabhängig zu werden.

Ihre Theater- und Filmkarriere begann Mitte der fünfziger Jahre. Nach einer Urlaubsaffäre heiratete sie zweiundzwanzigjährig 1955 den italienischen Journalisten André Volpi. Doch die Ehe, aus der Tochter Giovanna hervorging, stand von Anfang an unter keinem guten Stern. Als Cilento Connery bei den Proben zu *Anna Christie* traf, war sie angeschlagen; nach einer Musical-Tournee durch die Provinz erlitt sie einen Nervenzusammenbruch, man sprach sogar von einem Selbstmordversuch. Sie verfiel in Depressionen und verbrachte einige Zeit in einer Klinik, anschließend fuhr sie nach Rom, um sich dort zu erholen, wurde jedoch von der Presse auf Schritt und Tritt verfolgt. Dianes Ehe schien auseinander zu brechen; kurze Zeit später, nach der Geburt ihrer Tochter, ließ sie sich von Volpi scheiden.

Schließlich heirateten Diane und Sean. Um dem Bond-Presserummel zu entgehen, sollte die Trauung heimlich in Gibraltar stattfinden. Als Datum wurde der 29. November 1962 festgesetzt. Doch als Connery vor dem Standesamt wartete, erschien seine Braut nicht. Sie war an der spanischen Grenze wegen ihres australischen Passes festgehalten worden. So musste die Trauung um mehrere Stunden verschoben werden. Da das Paar nun keine Trauzeugen mehr hatte, heuerten die beiden kurzerhand zwei Taxifahrer namens Garcia und Gonzales an.

Die Flitterwochen verbrachten sie an der Costa del Sol, wo sie sich eine Villa mieteten. Es wurde ein kurzer Honeymoon, doch er legte den Grundstein für Connerys Liebe zu Spanien im Allgemeinen und Marbella im Besonderen.

Connery drehte danach in Rom und in der Türkei den zweiten James-Bond-Thriller *Liebesgrüße aus Moskau* (1963), und Diane übersetzte ein Stück von Luigi Pirandello für das Royal Court Theatre in London. Am 11. Januar 1963 wurde ihr Sohn Jason geboren, nach Tochter Giovanna aus ihrer ersten Ehe Dianes zweites Kind.

007 rettet die Welt

*Das allseits akzeptable Gesicht
des Heroismus in einer unheroischen Zeit.*
NEIL SINYARD

Der britische Schriftsteller Ian Fleming ist **Geschüttelt, nicht gerührt**
der Erfinder des Geheimagenten Ihrer Majestät der Königin von England 007 James Bond mit der Lizenz
zu töten.

Fleming charakterisiert seinen Superhelden so: »Er ist groß
und breitschultrig, hat blaue Augen und schwarzes Haar. Seine
Kennzeichen sind Narben auf der rechten Wange und der linken
Schulter, Spuren einer Hautverpflanzung.« Die Farbe von Sean
Connerys Augen ist zwar nicht blau, sondern ein sattes Braun,
dennoch war er der genialste James-Bond-Darsteller, der jemals
vor der Kamera stand.

Ian Fleming weiter in seiner Charakterisierung: »Er trägt Seidenhemden, Seidenkrawatten und tropenfeste Anzüge. Neben
seiner Muttersprache Englisch spricht er Deutsch und Französisch. Er ist ein ausgezeichneter Pistolenschütze, Boxer und
Messerwerfer, auch in Judokampfarten kennt er sich aus. Er ernährt sich mit Vorliebe von Beluga-Kaviar und Champagner der
Marke Dom Perignon 46. Als Drink bevorzugt er Wodka-Martini, ›shaken not stirred‹. Seine Schwäche sind schöne Frauen,
denen er selten widerstehen kann – und Alkohol in Maßen. Er
raucht nur Zigaretten der Nobelmarke Morland, der mit den drei
Ringen. Wenn er nicht in geheimer Mission um die Welt fliegt,
isst er für gewöhnlich in seinem Londoner Club. Er ist in jeder
Situation tadellos gekleidet, hat gute Manieren und einen Sinn
für sarkastischen Humor. Er ist einer der drei ältesten Geheimagenten Ihrer Majestät der Königin von England und kann jederzeit von seiner Waffe Gebrauch machen. Er tritt nie unter fal-

Linke Seite:
»Liebesgrüße
aus Moskau«

schem Namen auf und ist für Bestechungsgelder nicht empfänglich.«

Ian Fleming über die Jugend seines Romanhelden: »James Bond wurde als Sohn einer Schweizerin und eines Schotten in England geboren. Als er elf war, kamen seine Eltern bei einer Klettertour in der Gegend von Chamonix ums Leben.«

Bond also ein armes Waisenkind? Nicht unbedingt, denn er wuchs bei seiner Tante in Canterbury auf und besuchte die Eliteschule in Eton, flog dort allerdings bald, weil er ein flottes Dienstmädchen befummelt hatte. James kam danach auf die feine Schule von Fettes, die auch sein Vater absolviert hatte, und wurde dort streng calvinistisch erzogen. Er war ein guter Boxer und trat 1941 unter Angabe eines falschen Alters ins britische Verteidigungsministerium ein. Bei Kriegsende hatte er den Rang eines Commanders, dann wurde er zum Geheimagenten 007, den man immer mit den schwierigsten Fällen beauftragte.

Ian Fleming James Bonds geistiger Vater wurde am 28. Mai 1908 als Sohn eines schottischen Millionärs in London geboren. Fleming besuchte die Militärakademie in Sandhurst und setzte sein Studium im Ausland fort. Auch er war wie sein späterer Romanheld im Zweiten Weltkrieg für den Britischen Geheimdienst aktiv. Er verkörperte den klassischen englischen Snob der Upper-Class, James Bond kann man als sein Alter Ego sehen.

Ian Fleming betätigte sich vor dem Zweiten Weltkrieg vier Jahre als Zeitungskorrespondent in Moskau, hatte Erfahrungen als Banker und Broker gesammelt, ehe er zum Secret Service kam. In seinen Romanen, die er anfangs zum Zeitvertreib schrieb, verarbeitete er sein eigenes abenteuerliches Leben, allerdings ins Gigantische überhöht. Er erwarb ein Haus auf Jamaika, wo er ab 1952 seine insgesamt dreizehn Thriller schrieb. Fleming arbeitete gleichzeitig weiterhin als Journalist, die »Sunday Times« schickte ihn auf Weltreise, damit er brillante Artikel über Hamburg, Hongkong, Tokio, New York und andere Weltstädte liefern konnte.

James Bond hieß ein Ornithologe, dessen Werk »Birds of the West Indies« auf dem Schreibtisch des Autors stand. Fleming übernahm seinen Namen für die Hauptfigur seiner Bücher, und er war goldrichtig gewählt – er ist knapp, einprägsam und hat, egal ob auf Französisch, Japanisch oder Chinesisch, immer einen guten Klang. Doch die Figur war eigentlich nur der Aufhänger für Flemings unglaubliche Geschichten, in denen es um damals brisante Themen wie Atomraketen oder den Ost-West-Konflikt ging. Erotik und Sex, in den Filmen durch die leicht geschürzten Bond-Girls ein publikumswirksames Element, spielten in Flemings Romanen allerdings keine so tragende Rolle. Dafür schlägt James Bond in den Büchern ziemlich brutal zu. Fleming leugnete nicht, dass er seinen Helden nicht besonders mochte: »Es ist alles reine Fantasie, geronnene Wunschträume eines jugendlichen Hirns.« Fleming recherchierte jedoch präzise, die von ihm beschriebenen Details stimmten meist genau, mochte es sich um Waffentypen, Weinmarken oder Giftschlangen handeln. Wenn ihm selbst qualifizierte Kenntnisse fehlten, halfen ihm seine Freunde in aller Welt: Ballistiker, Diamantenhändler, Gourmetköche oder Unterwasserforscher.

Flemings erster Roman, »Casino Royal«, erschien 1953 im Verlag Jonathan Cape und erreichte gerade mal eine Auflage von siebentausend Exemplaren. Doch mit jedem weiteren Titel stiegen die Verkaufszahlen, und als die Bücher dann in den sechziger Jahren verfilmt wurden, standen sie auf allen Bestsellerlisten. Bis 1964 wurden auf der ganzen Welt, in elf Sprachen übersetzt, rund vierzig Millionen Bände verkauft. Sean Connery, der Kriminalromane nicht besonders schätzt, gab zu, in seinem ganzen Leben nur eineinhalb Fleming-Romane gelesen zu haben. Er spielte James Bond von Anfang an in einer unterschwellig sarkastischen Tonlage, als würde er sich insgeheim über die Figur lustig machen. Auch sein schwarzer Humor kommt in den Geschichten nicht vor. Zu den erklärten Bond-Bewunderern

Casino Royal

zählten jedoch US-Präsident John F. Kennedy, der englische Schriftsteller William Somerset Maugham oder der Labour-führer Hugh Gaitskell.

TV-Bond Fleming war sehr an einer Verfilmung der Bond-Geschichten interessiert, doch zunächst gingen alle Versuche daneben. Eine erste Bond-Adaption durch den TV-Sender CBS im Jahr 1954 war ein Desaster, was daran lag, dass man gemalte Pappkulissen ver-wendete und Serienstar Barry Nelson als Bourbon trinkender »Jimmy Bond« mit Bürstenhaarschnitt eine absolute Fehlbeset-zung war. Man hatte den spezifischen Snobismus und Sex-Ap-peal der Figur, die Exotik der Bond-Abenteuer nicht begriffen. Weitere Fehlversuche folgten. Fleming selbst schrieb ein Bond-Drehbuch für einen TV-Pilotfilm mit dem Titel *Commander Jamaica* und tat sich mit dem irischen Regisseur Kevin McClory zusammen. Der Film kam nie zustande, doch Fleming entwi-ckelte daraus den Plot für seinen Roman »Feuerball« und geriet in einen Rechtsstreit mit McClory, den er verlor. Alexander Korda und die Rank Film erwarben nacheinander Rechte an Bond-Ro-manen, nutzten sie aber nicht.

Saltzman & Broccoli Der kanadische Produzent Harry Saltzman gehörte neben Tony Richardson und John Osborne zu den Mitbegründern des britischen »Free Cinema«, das die bekannten »Spülsteinfilme« produzierte, sozialkritische Werke aus dem Alltag, in denen sich die Auflehnung der Nach-kriegsgeneration spiegelte. Ein bekanntes Beispiel war *Samstag-nacht bis Sonntagmorgen (Saturday Night and Sunday Morning,* 1960) mit Albert Finney in der Hauptrolle. Diese »Neue Welle« war zwar filmhistorisch bedeutsam, spielte aber kein Geld ein. Saltzman wollte weg von der trostlosen Darstellung der Härte und Grausamkeit des Lebens, er träumte vom großen interna-tionalen Erfolg.

Im Frühjahr 1961 fand er in Albert »Cubby« Broccoli einen Partner. Cubby war amerikanischer Agent, der schon für Lana

Turner gearbeitet hatte und über gute Kontakte zur Finanzwelt verfügte. Die beiden ergänzten sich ideal. Michael Caine beschrieb ihr Verhältnis so: »Wenn Cubby dir eine Zigarette anbietet, reißt Harry sie dir wieder aus dem Mund.« Die beiden wollten James Bond auf die Leinwand bringen, doch niemand in der Branche interessierte sich dafür. Da legte Harry Saltzman fünfzigtausend Dollar für eine sechsmonatige Option auf alle Fleming-Romane auf den Tisch, mit Ausnahme von »Casino Royal«, der schon vergeben war, und »Feuerball«, um den der Rechtsstreit tobte. Sie gründeten Eon Pictures, und nun galt es nur noch, einen potenten Geldgeber zu finden.

In diesem Zusammenhang wurde auch die Frage relevant, wer **Besetzung** für die Hauptrolle des James Bond in Frage kam. Columbia Pictures wäre zur Finanzierung des Abenteuers bereit gewesen, wenn man Cary Grant für drei Bond-Filme gewonnen hätte. Grant wollte jedoch nur für einen zusagen. Und James Mason verlangte eine zu hohe Gage.

Eine Hand voll berühmter Stars des internationalen Films der sechziger Jahre war im Gespräch: James Stewart, Richard Burton, Michael Redgrave, Trevor Howard und Rex Harrison. Aber konnte man sich einen von ihnen als James Bond vorstellen? Ian Fleming favorisierte seinen Freund David Niven, doch der lehnte ab, glänzte allerdings später in der Bond-Parodie *Casino Royal* (1967), an der auch Woody Allen beteiligt war.

Saltzman und Broccoli gingen von der Vorstellung aus, dass ein berühmter Star für die Rolle wenig geeignet sei, da sein Image dem von James Bond in die Quere kommen, das Publikum den Star als archetypischen »Original James Bond« nicht annehmen würde. So wurde der noch relativ unbekannte Patrick McGoohan zur ersten Wahl. Er studierte die Rolle und lehnte sie dann aus »moralischen Gründen« ab, sie war ihm zu zynisch und zu brutal.

Saltzman hatte Connery in der Komödie *On the Fiddle* gesehen und meinte, er könnte der Richtige sein. »Cubby« Broccoli »entdeckte« Connery zufällig zur selben Zeit; er ließ sich eine Kopie des Disney-Films aus Hollywood kommen und fand den Schotten attraktiv. Man kam überein, ein Gespräch in London zu arrangieren.

Natürlich hatte auch Terence Young an den Strippen gezogen. Als er erfuhr, dass ein Treffen mit den Produzenten angesagt war, rief er Connery an und bat ihn inständig, nicht wie gewöhnlich in vergammelten Hosen, sondern mit Anzug und Krawatte zu erscheinen. Doch was ein knorriger Schotte ist, der pfeift darauf.

Das erste Treffen

Eines Tages warteten die beiden Producer in ihrem Büro in Mayfair auf die Ankunft jenes Mannes, der James Bond auf der Leinwand zum Leben erwecken sollte. Schließlich schlenderte Connery lässig herein, in zerknautschten Hosen und mit offenem Hemd. Die beiden blickten ihn erstaunt an, denn er war weit entfernt von jenem eleganten Gentleman in Maßanzügen und mit feinen Manieren, den Fleming in seinen Romanen beschrieben hatte. Broccoli über seinen ersten Eindruck von Connery: »Er war ein rauer, harter Bursche, der sich nicht um seine Kleidung kümmerte. Er trug etwas zerknitterte, ungebügelte Hosen, ein braunes Hemd ohne Krawatte und altmodische schwedische Schuhe. Er ließ sich in einen Sessel plumpsen, klopfte mit der Faust auf den Tisch und fragte uns, was wir von ihm wollten. Ich glaube, das war es, was uns so beeindruckte: Er hatte Mumm in den Knochen.«

Connery hatte vom ersten Augenblick an beschlossen, das Spiel hart und cool zu spielen. Er weigerte sich, Probeaufnahmen von sich machen zu lassen. »Entweder Sie nehmen mich so, wie ich bin, oder überhaupt nicht«, sagte er in seinem schottischen Akzent, »die Entscheidung liegt bei Ihnen.«

Die beiden sahen ihm nach, beobachteten vom Fenster aus, wie er mit seinem pantherartigen Gang die Straße überquerte. In diesem Augenblick hatten sie ihren Bond gefunden. »Wir haben nie einen selbstbewussteren Burschen gesehen«, sagte Saltzman. »Oder einen arroganteren Hurensohn«, fügte Broccoli hinzu.

Nachdem Columbia abgesprungen war, wollte United Artists

die Bond-Filme produzieren. Das Studio verlangte allerdings einen anderen Hauptdarsteller, doch Broccoli und Saltzman hielten an ihrer Wahl fest.

Am 3. November 1961 wurde Sean Connery offiziell als James Bond in der Presse angekündigt. Er hatte einen Vertrag bis 1967 geschlossen mit der Einschränkung, jährlich auch einen anderen Film drehen zu dürfen. Als erstes war *James Bond jagt Dr. No* vorgesehen. Connery rechnete mit keinem großen Erfolg. »Es wird ein Film wie jeder andere sein«, sagte er einem Freund. Dass er sich mit einer kleinen Gage von sechstausend Pfund plus Spesen bei Außenaufnahmen zufrieden gab, sollte ihm später noch Leid tun.

Vertrag

Sean Connery war zu diesem Zeitpunkt einunddreißig Jahre alt. Dass ausgerechnet er, der von seiner Herkunft her eher als hemdsärmelige Unterschichtstype durchging, den eleganten britischen Cocktail schlürfenden Gentleman-Spion in den Saville-Raw-Anzügen spielen sollte, war Ironie und Glücksfall der Filmgeschichte zugleich.

Als Harry Saltzman John Osborne traf, mit dem er zuvor die Spülsteinfilme produziert hatte, fragte er ihn: »Was glaubst du, wer Bond spielt?« Osborne, der die Romane Flemings kaum kannte, vermutete zuerst James Mason, dann David Niven. Als Saltzman verriet, dass es Sean Connery sei, lautete Osbornes Antwort: »Harry, er ist ein blutiger Schotte. Er kann kaum lesen!«

Auch Ian Fleming mochte Connery zuerst nicht: »Ich erwartete Commander James Bond, stattdessen sah ich einen zu groß gewachsenen Stuntman.« Schon nach dem ersten Bond-Film war er allerdings von Sean Connery überzeugt. Später entwickelte sich ein freundschaftliches Verhältnis zwischen den beiden Männern.

Connery selbst war ebenfalls unsicher, ob dies der richtige Part für ihn war. Er entschied sich schließlich, nachdem ihm Diane Cilento geraten hatte, die Rolle anzunehmen. Es hätte auch alles ganz anders kommen können.

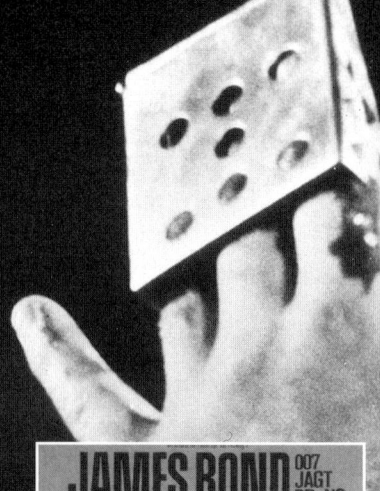

JAMES BOND 007 JAGT DR. NO

Sean Connery · James Bond

JAMES BOND ist wieder da

HARRY SALTZMAN und ALBERT R. BROCCOLI

Ian Fleming's

LIEBESGRÜSSE AUS MOSKAU

Sean Connery
James Bond
007

DANIELA BIANCHI · RICHARD MAIBAUM
JOHANNA HARWOOD · LIONEL BART
JOHN BARRY · Harry Saltzman
Albert R. Broccoli · TERENCE YOUNG · TECHNICOLOR

JAMES BOND IST WIEDER IN AKTION!

Albert R. Broccoli und Harry Saltzman zeigen
**Sean Connery
als Geheimagent
007** in Ian Fleming's
GOLDFINGER

In weiteren Hauptrollen
Gert Fröbe
als Goldfinger
Honor Blackman
als Pussy Galore
Shirley Eaton
Technicolor

Drehbuch: Richard Maibaum & Paul Dehn
Produktion: Harry Saltzman & Albert R. Broccoli
Regie: Guy Hamilton

WILLKOMMEN IN TOKIO MR. BOND

**SEAN CONNERY IST
JAMES BOND**

in Ian Flemings

MAN LEBT NUR ZWEIMAL

präsentiert von Harry Saltzman und Albert R. Broccoli
Regie: Lewis Gilbert · Drehbuch: Roald Dahl · Produktion: Harry Saltzman und Albert R. Broccoli
Musik: John Barry · Ausstattung: Ken Adam · Panavision · Technicolor

»Diamantenfieber«

Bond-Plakate

Connery: »Ich musste Bond aus dem hohlen Bauch erfinden – nicht einmal Ian Fleming wusste damals sehr viel über ihn.« Diese Meinung bestätigte auf seine Weise der Autor, der immer wieder gesagt hat, dass er Bond eigentlich nicht als Charakter entworfen habe, sondern eher als exquisiten Aufhänger für abenteuerliche Geschichten.

Nun musste ein Regisseur gefunden werden. Außerdem waren die Produzenten mit dem Drehbuch von Richard Maibaum nicht zufrieden. Nachdem Guy Hamilton und andere nicht zu haben waren, einigte man sich auf Terence Young für die Regie. Mit seiner Assistentin Johanna Harwood schrieb er das Drehbuch in einem Londoner Hotel in Rekordzeit um. Young konnte nun einlösen, was er einst versprochen hatte – durch seine gelungene Regie des ersten Bond-Films machte er Sean Connery zum Star.

Regisseur

Ein Problem war das »gammelige« Outfit des zukünftigen James Bond. Terence Young brachte Connery zu seinem persönlichen Schneider und ließ ihn aufs Eleganteste neu einkleiden mit Dinnerjacketts, feinsten Krawatten und maßgefertigten Lederschuhen. Er musste wie ein Chamäleon seine Farbe wechseln und zum kultivierten britischen Gentleman werden, der nie etwas anderes zu sich genommen hatte als Kaviar, Dom Perignon und Champagner-Cocktails.

Die Gespielin des Agenten in diesem ersten Film war die Schweizerin Ursula Andress, die ebenfalls durch James Bond vom Ruhm überrascht wurde. Als sie hörte, dass Sean Connery ihr Partner sein sollte, fragte sie: »Sean – wer?« Später äußerte sie über Connery, er gehöre zu den wenigen Menschen, die der Erfolg nicht verändert hätte.

Der Film hatte ein Budget von gerade mal neunhunderttausend Dollar. Die Dreharbeiten bagannen im Januar 1962 auf Jamaika, der Rest wurde in den Pinewood Studios in London gedreht.

Als *James Bond jagt Dr. No* fertig gestellt war, kamen ein paar United-Artists-Vertreter nach London, um das Ergebnis zu begutachten, und fanden den Film misslungen. Sie waren der Ansicht, er würde sich in Amerika nie durchsetzen. Aber man hoffte, wenigstens die Produktionskosten wieder einzuspielen.

Am 6. Oktober 1962 schließlich fand im Londoner Pavillon die **Premiere** statt. Der Erfolg zeichnete sich überraschend schnell ab, ein überwältigender Erfolg: Die Menschen standen Schlange vor den Kinokassen. Das Magazin »Time« schrieb: »Agent Bond ... endlich kann man ihn auf der Leinwand sehen. Dargestellt von dem Schotten Sean Connery, bewegt er sich mit spannungsgeladener Eleganz, die uns ahnen lässt, welche Gewalt in Bond schlummert.« Der sensationelle Erfolg des ersten Films sollte von den folgenden James-Bond-Abenteuern allerdings noch weit übertroffen werden.

Die Bond-Abenteuer haben Filmgeschichte   **Die Bond-Filme** geschrieben. Sie gelten als die erfolgreichste Serie der Nachkriegszeit und werden bis heute mit hohen Einschaltquoten im Fernsehen gezeigt. Zwischen 1962 und 1971 hat Connery unter den Produzenten Broccoli / Saltzman bei United Artists in sechs Filmen mitgewirkt, zwölf Jahre später spielte er den Geheimagenten ein letztes Mal unter neuer Produktion bei Warner Bros.

Alle Filme der Serie haben als Erkennungszeichen unverwech- **Vorspann** selbare Elemente im Vorspann. Das große Auge, aus dem James Bond auf den Betrachter schießt, worauf sich das Bild blutrot färbt, und die unverwechselbare Titelmusik, komponiert von John Barry. Ehe der Vorspann abgelaufen ist, kommt jedes Mal eine Miniszene, die auf die Story einstimmt.

In den Romanen spielen Frauen oft erst relativ spät eine Rolle, **Frauen** im Gegensatz dazu sind sie in den Filmen sofort präsent. Im ersten Film, *James Bond jagt Dr. No,* wird der Held in der Anfangsszene im Spielcasino durch die zauberhafte Sylvia Trench eingeführt. Ihr Satz »Ich bewundere Ihr Glück, Mister ...« gibt ihm Gelegenheit, sich so vorzustellen, wie das in allen späteren

Filmen zum Ritual werden wird: »Bond. Mein Name ist James Bond.«

Produzent Albert Broccoli verlangte in jedem Film sexuelle Anspielungen und jede Menge leicht bekleideter freizügiger Girls. Das schien ihm in den prüden sechziger Jahren ein Erfolgsrezept, und damit lag er genau richtig. Und dass die Damen auf Connery alias Bond fliegen, ist durchaus glaubhaft, bringt ihn aber oft in schwierige Situationen, denn die »bösen Mädchen«, meist schwarzhaarig, fungieren als Lockvögel des Feindes, die er durchschaut – allerdings nicht jedes Mal. Das bringt ihn zusätzlich in Gefahr. Bond lebt immer am Rande des Verrats, jeder Tag beginnt gefährlich, mit einem Schusswechsel, einem feigen Hinterhalt oder einer Tarantel im Kopfkissen. Dabei vermittelt Connery seinem Bond von Beginn an einen Schuss beißende Ironie, die eine gewisse Distanz zu der Figur schafft. Er stößt die Worte zwischen den Lippen hervor, als wollte er sich über die Sprache lustig machen.

Dramaturgisch lassen sich die Bond-Filme auf eine einfache Formel bringen. Im ersten Teil schleicht sich der Held in die Höhle des Löwen, tritt dem genialen Verbrecher gegenüber, wird gefangen genommen. Im zweiten Teil gelingt es ihm, sich aus der Umklammerung zu befreien und den Feind in einem spektakulären Showdown zu erledigen. Das ist zwar vorhersehbar, durch das rasante Erzähltempo und gigantische Materialschlachten aber faszinierend und ein höchst erfolgreiches Konzept.

James Bond führt sein abenteuerliches Leben irgendwo zwischen Hintertreppe, Comic-Strip und Weltliteratur. Er vereint die Eigenschaften mehrerer Recken in sich. Er ist sportlich, boxt wie ein Weltmeister, kombiniert klug wie ein Meisterdetektiv, hat Nerven wie Drahtseile, verfügt über die neuesten technischen Wunderwaffen, kennt alle Whiskymarken, hat sieben Leben wie eine Katze und unverschämtes Glück bei den Frauen. Neben der genial konzipierten Titelfigur, mit Sean Connery vom Typ her ideal besetzt, war die Kombination der übrigen Zutaten ein bekömmlicher Cocktail: eine hochexplosive Story, freizügig gestylte Girls, exotische Schauplätze rund um den Erdball, die den Duft der weiten Welt in die Nase des Zuschauers wehen, Tricks und technische Spielereien wie der berühmte Aston Martin: Die Bond-Filme sind ohne Übertreibung Kinomärchen für erwachsen gewordene Kinder oder Kind gebliebene Erwachsene. Der Held vermittelt »im Grunde einen Traum, der so alt wie die Menschheit ist – den Traum vom Übermenschen« (Franz Everschor).

Bond gehört zu jenen fantastischen Superhelden, in deren **Politik** Augen sich die reale Welt auf schrille und verschwörerische Weise spiegelt, für die die Welt ein einziger Abenteuerspielplatz ist. Ein weiteres Erfolgsmuster seiner Abenteuer ist die geschickte Simulation aktueller politischer Konflikte. So werden bereits im ersten Film Raketen in Cape Canaveral attackiert, in *Liebesgrüße aus Moskau* oder *Goldfinger* wird der Ost-West-Konflikt thematisiert, es geht um russische und chinesische Agenten und Verschwörungen, die amerikanischen Goldreserven in Fort Knox sind in Gefahr, Atomraketen werden gestohlen: Der Zuschauer hat das Gefühl, die Feuerstürme der modernen Weltpolitik hautnah mitzuerleben, komplizierte Zusammenhänge werden auf einen Schwarzweiß-Konflikt reduziert, der sozusagen von Mann zu Mann ausgetragen wird: der Kalte Krieg im Comic-Strip-Format.

Als erste Bond-Verfilmung wählte man **James Bond jagt Dr. No** einen von Flemings spannendsten Romanen: Secret-Service-Chef Strangway wurde auf Jamaika liquidiert. 007 soll auf der Insel, unterstützt von dem CIA-Agenten Felix Leiter, hinter das Geheimnis seines Todes kommen. Dabei stößt er auf den chinesischen Schurken Dr. No, der auf der Insel Crab Key ein Atomlabor errichtet hat, um per Fernsteuerung von Cape Canaveral startende Raketen vom Kurs abzubringen. Hinter Bonds Gegenspieler, dessen Hände nur aus in schwarzen Plastikhandschuhen versteckten Zangen bestehen – Dr. No ist ein Opfer der chinesischen Zangengesellschaft –, verbirgt sich SPECTRE, eine Geheimorganisation für Terror, Spionage, Erpressung und Rache. Diese »Firma« wird auch in späteren Bond-Filmen noch unangenehm auffallen.

Als Bond Dr. No gegenübersteht, erfährt er von ihm, dass es um nichts Geringeres als »die Weltherrschaft« geht. Als Vorlage hatte Ian Fleming Sax Rohmers Horrorfigur Dr. Fu-Manchu gedient. In Flemings Roman ist Dr. No ein bösartiger Wurm, doch das war den Drehbuchautoren zu karikaturhaft. Deshalb steckte man ihn im Film in eine Art Kimono, ließ ihn sich marionettenhaft bewegen und mit monotoner Stimme sprechen. Auf Jamaika lebte damals der Komödienautor Noël Coward, ein Freund Flemings. Auf dessen Wunsch sollte er Dr. No spielen. Coward telegrafiert zurück: »Lieber Ian, Dr. No – no no no.«

Sean Connery erscheint in diesem Film wie aus der Pistole geschossen im Bild, ein neuer Held erblickt das Licht der Leinwand: Er sieht blendend aus, männlich, markig, elegant strahlt er von der ersten Szene an diesen animalischen Sex aus, dem die Frauen laut Drehbuch widerstandslos zum Opfer fallen.

Als Bond mit seinem Helfer Quarrel am Strand von Crab Key landet, erlebt er eine Überraschung. Die Muschelsucherin Honey (Ursula Andress) steigt wie eine Meerjungfrau im schneeweißen Bikini aus dem Wasser, Bond kaschiert sein Verlangen mit cooler Nonchalance. Schon in der nächsten Szene werden sie von Dr. Nos Wächtern mit einem Feuer speienden Panzerwagen angegriffen, den Quarrel für einen Drachen hält, und gefangen genommen. Sie finden sich in Dr. Nos unterirdischen Räumen wieder, und bald kommt es zum Endkampf zwischen Bond und No, den 007 natürlich gewinnt.

Waffentausch   Gleich zu Beginn des Films haben sich die Produzenten einen Eingriff in den Roman erlaubt: Die Beretta Kaliber 6,35, mit der James Bond bei Fleming hantiert, wird gegen eine Walter PPK 7,65 ausgetauscht. 007 muss seine Beretta, die höchstens für eine zarte Damenhandtasche geeignet sei, abgeben: Ein berühmter Geheimagent würde niemals so eine lächerliche Waffe tragen.

»Wer das Buch gelesen hat, wird vielleicht ein wenig enttäuscht sein. Die andern jedoch werden finden, dass dies ein herrlicher Film ist. Das Publikum lachte stets an den richtigen Stellen«, kommentierte Ian Fleming die erste Bond-Premiere.

Nach *James Bond jagt Dr. No* war für Con- **Swinging London**
nery nichts mehr, wie es vorher war. Über
Nacht wurde aus dem unbekannten Schauspieler ein Star, ein männliches Idol, das auch das weibliche Publikum in seinen Bann zog. Aber nicht nur die Zuschauerinnen erlagen der von Connery verkörperten Männlichkeit, auch Agentinnen des Feindes wie etwa Tatjana Romanova in *Liebesgrüße aus Moskau (From Russia with Love)*, dem zweiten Bond-Film, gingen reihenweise in sein Lager über. »Sean war wirklich sehr sexy. Und es gibt wenige Filmstars, die über diese Qualität verfügen«, stellte Bond-Cutter und Regisseur Peter Hunt fest.

Zwei Tote im Zugabteil: »Liebesgrüße aus Moskau«

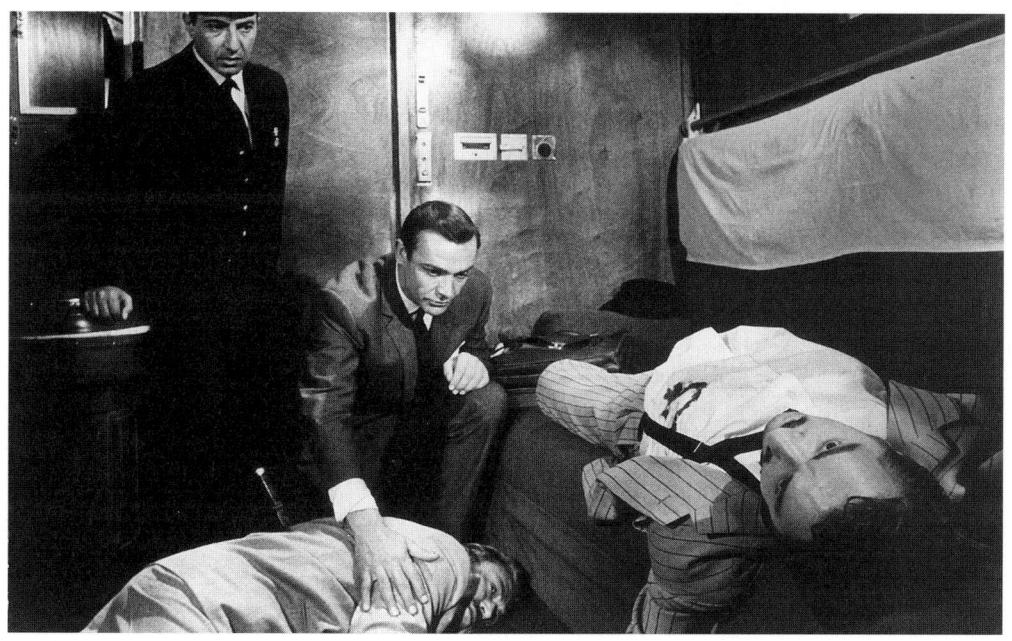

Wie verbindlich und kultiviert Connery sich als Bond auch gab, unter dem Smoking wehte immer auch der Hauch einer Bestie hervor. Im Gegensatz zu dem Papiertiger, der James Bond in Ian Flemings Romanen ist, wurde er auf der Leinwand nun mit Karacho durch seine Abenteuer gejagt, erwachte er durch die Filme zu vitalem Leben. Action-Regisseur John Boorman über Sean Connery: »Er packte die Figur an der Kehle und schüttelte Gefühl und Verstand in sie hinein; es war die Kluft zwischen dem Mann und der Rolle, die überzeugte.«

James Bond jagt Dr. No spielte in England innerhalb weniger Monate eine Million Pfund ein. Zwar zögerte United Artists immer noch, den Film in den USA zu starten, aber immerhin beeilte man sich, den zweiten Bond-Film, *Liebesgrüße aus Moskau,* im Schnellgang zu produzieren. Als *Dr. No* im April 1964 endlich in die amerikanischen Kinos kam, lief in England bereits der zweite Film mit dem eiskalten Superagenten an. Die Bond-Welle war nicht mehr aufzuhalten.

Mit Gina Lollobrigida in »Die Strohpuppe«

In den Sechzigern wurde das turbulente London zur Stadt des Jahrzehnts. Der Auftritt der »Fab Four«, der Beatles, läutete ein neues Kapitel der Pop-Geschichte ein, Marihuana-Duft wehte durch die Straßen von Chelsea, Michelangelo Antonioni war mit seinem Kultfilm *Blow up* (1966) auf der Höhe der Zeit, löste eine knallbunte Modewelle aus, und die Bond-Thriller standen für eine neue Qualität des Abenteuerkinos. Nichts war mehr so, wie es vorher war. Man sprach von der »Beat-Generation« und vom »Swinging London«.

Sean Connery hieß nun in den Interviews, die er laufend geben musste, »Mister Bond«. Das gefiel ihm nicht besonders, die ersten Unstimmigkeiten lagen in der Luft. Denn der neue Star wollte nicht mit seiner Rolle verwechselt werden. Und so drehte er 1964 auch zwei ganz andere Filme: mit Gina Lollobrigida die Erbschleicher-Story *Die Strohpuppe* (*Woman of Straw*) und unter der Regie von Alfred Hitchcock den Thriller *Marnie*. Allerdings konnte keiner dieser Filme auch nur annähernd an den Erfolg von James Bond anknüpfen.

Mr. Bond

Liebesgrüße aus Moskau

Nach *Liebesgrüße aus Moskau* verbreitete sich das Bond-Fieber endgültig wie ein Lauffeuer, das durch nichts mehr einzudämmen war. Broccoli / Saltzman vermieden den üblichen Fehler, an einen großen Erfolgsfilm ein schwaches Sequel anzuhängen. Im Gegenteil, man analysierte die Schwächen und Leerstellen von *James Bond jagt Dr. No*, zog die richtigen Schlüsse daraus und setzte alles daran, den Erfolg zu steigern.

Das zweite Bond-Abenteuer war tatsächlich noch ausgefeilter und spannender als das erste. Wieder kämpft 007 gegen die Terror-Organisation SPECTRE (in der deutschen Fassung PHANTOM), die diesmal einen raffinierten Plan ausheckt, um Bond zu töten. 007 wird nach Istanbul geschickt, um mit einer Russin Kontakt aufzunehmen. Er ahnt allerdings noch nicht, dass Tatjana in Wahrheit für SPECTRE spioniert. Die Organisation ist hin-

ter einer Dechiffriermaschine her, an der auch die Engländer brennendes Interesse zeigen. Spektakulär sind der Diebstahl dieser »decoder machine« in der sowjetischen Botschaft und Bonds Flucht im Orientexpress mithilfe des türkischen Kontaktmanns Ali Kerim Bey. Im Zug soll Bond dann endgültig erledigt werden, doch ihm gelingt die Flucht mit Auto und Boot, die Dechiffriermaschine und Tatjana im Schlepptau.

Die Story war diesmal komplexer konstruiert als ein Puzzle. Besonders auf Tricks und pointierte Dialoge wurde nun viel Wert gelegt. Der Film leistete sich eine Anleihe bei Hitchcocks *Der unsichtbare Dritte* (*North by Northwest*, 1959), in dem Cary Grant von einem Gift versprühenden Flugzeug auf freiem Feld attackiert wird und sich in ein Maisfeld rettet: Auch Bond flüchtet unter Beschuss aus der Luft über einen kahlen Hügel, holt dann aber den Hubschrauber mit seiner Spezialwaffe vom Himmel.

Sean Connery, einen Tick eleganter gekleidet und wild um sein Leben kämpfend, kam noch eindrucksvoller und überzeugender über die Rampe. Auch über die Hauptrolle hinaus war die Besetzungsliste diesmal absolut hochkarätig. Allen voran glänzte Lotte Lenya mit ihrem »Giftfuß« als hinterhältiges russisches Monster Rosa Klebb. Robert Shaw als Bonds Gegenspieler Red Grant, ein psychopathischer Mörder, erschreckte das Publikum, als es ihm fast gelang, 007 kaltzustellen. Der bereits vom Krebs gezeichnete Pedro Armendariz spielte als Kerim Bey seine letzte Filmrolle – er gab seinen Freunden nach Drehschluss noch eine Abschiedsparty und erschoss sich dann im Krankenhaus. Die italienische Ex-Schönheitskönigin Daniela Bianchi als blonde Russin Tatjana ist geschmeidig und hübsch anzusehen. Vladek Sheybal gab Kronsteen, das Schach spielende Superhirn von SPECTRE. Er wollte die Rolle ursprünglich nicht annehmen, da erhielt er einen Anruf von Connery: »Du Vollidiot! Wie kannst du es wagen, den Part abzulehnen! Ich war es, der dich bei den Produzenten vorgeschlagen hat! Du wirst die Rolle spielen!«

United Artists verdoppelte den Etat für die Produktion auf zwei Millionen Dollar, und die Produzenten verstanden es, diese zu-

Linke Seite:
Sean Connery
mit Daniela
Bianchi in
»Liebesgrüße
aus Moskau«

sätzlichen Mittel Erfolg versprechend einzusetzen. Die Dreharbeiten begannen am 1. April 1963 und zogen sich bis zum 23. August hin. Connery hatte zu dieser Zeit ein leichtes Übergewicht und sah daher nicht ganz Bond-like aus. Es gab Probleme, als er, nur mit einem Handtuch um die Hüften, mit seiner Partnerin eine Bettszene drehen sollte. »Halte den Atem an, und wir versuchen es noch einmal«, kommandierte Terence Young. Darauf Connery: »Jetzt weiß ich, wie sich Tarzan gefühlt haben muss.«

Die Uraufführung am 10. Oktober 1963 im Londoner Odeon gestaltete sich triumphal für Sean Connery, der mit Ehefrau Diane und seinen Eltern erschienen war. Trotz des überwältigenden Erfolgs von *Liebesgrüße aus Moskau* – bereits in der ersten Woche sahen sich zweihundertfünfzigtausend Engländer den Film an – hatte die Kritik immer noch Probleme in der Beurteilung von James Bond. »Wenn die Odeon-Kinos wirklich glauben, der neue Bond sei ein netter, sauberer und lustiger Film für die ganze Familie, dann hat England ein paar überdrehte Familien oder wird es bald haben«, urteilte »Films and Filming«. Connery-Biograf Robert Sellers verglich den Film mit edlem altem Wein, der im Lauf der Jahre immer besser wird.

Goldfinger Mit *Goldfinger* (1964), der das fantastische Element von *James Bond jagt Dr. No* mit der perfekten Spannungstechnik von *Liebesgrüße aus Moskau* verband, erreichte die Bond-Serie ihre stilistische Perfektion. Sean Connery, der gerade von den Dreharbeiten zu Hitchcocks *Marnie* gekommen war, hatte an Selbstbewusstsein und Statur gewonnen. Er strahlte Virilität aus, bewegte sich weltmännisch überlegen wie nie zuvor. Dabei sah er sich selbst nicht als Filmstar, sondern als »Geldmaschine«.

Sein Gegenspieler Auric Goldfinger war mit Gert Fröbe kongenial besetzt – bösartig, sarkastisch, ein Mann mit teuflischer Intelligenz und vom Gold besessen. Für Gold war er bereit, Amerika und die Welt ins Chaos zu stürzen. Schmuggeln erhob er zur Kunst. In der Karosserie seines Rolls-Royce war achtzehnkarätiges Gold im Wert von Millionen versteckt. Als Bond gefangen und festgeschnallt auf einem goldenen Tisch liegt und ein Laserstrahl sich durch das Metall frisst, um den berühmten Geheimagenten zu zersägen, hält Mr. Goldfinger einen größenwahnsinnigen Vortrag: »Das ist Gold, Mr. Bond. Mein ganzes Leben habe ich seine Farbe geliebt, seinen Glanz, seine göttliche Schwere, mir ist jedes Unternehmen recht, das meinen Vorrat vergrößert.«

Der goldgierige Bösewicht arbeitet am Unternehmen »Grand Slam«: Fort Knox soll überfallen werden, der Ort, an dem die amerikanischen Goldreserven lagern. Goldfinger will das Edelmetall nicht stehlen, sondern radioaktiv verstrahlen. Damit wäre es so gut wie vernichtet, und durch die Verknappung würde der Wert seines eigenen Goldbesitzes steigen, mindestens um das

Die vergoldete Shirley Eaton in »Goldfinger«

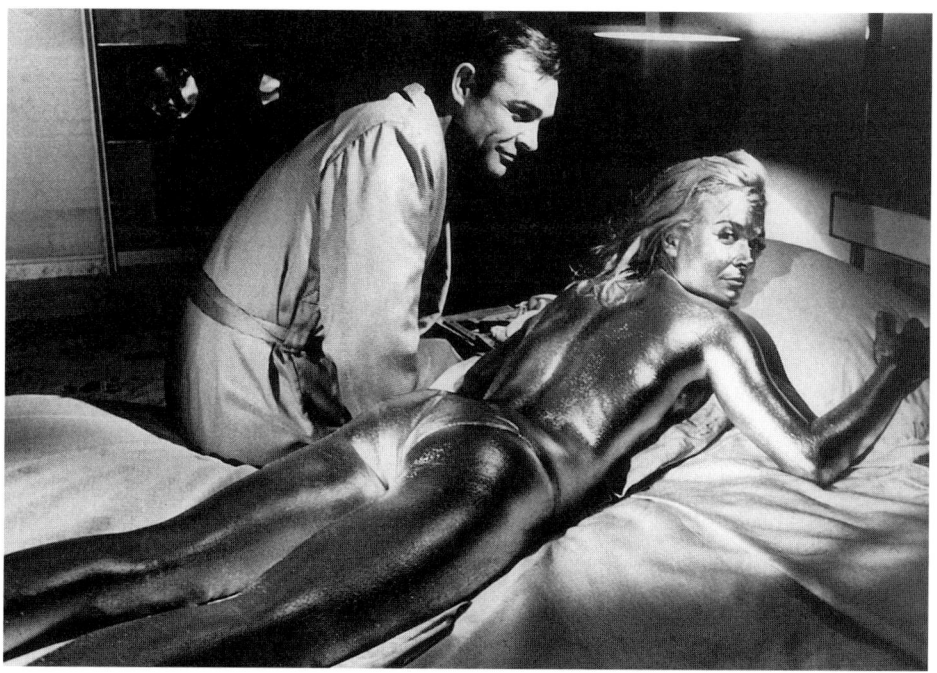

Zehnfache. Bond durchschaut Goldfinger, nachdem er sich in sein Schweizer Werk eingeschlichen hat und dabei gefangen genommen wird. Symbolhaft für das Hauptmotiv des Films steht die vergoldete nackte Shirley Eaton: Nachdem sie Goldfinger verraten hat, lässt er sie aus Rache mit Goldbronze überziehen; sie stirbt, weil ihre Haut nicht mehr atmen kann.

Zu den kuriosesten Figuren des Szenarios gehört Goldfingers Mann fürs Grobe, der Grunzlaute ausstoßende Asiate Oddjob. Er lässt seinen rasiermesserscharfen Bowlerhut zielsicher durch die Luft segeln und vermag damit Statuen wie Menschen zu enthaupten.

Goldfingers wichtigste Assistentin heißt Pussy Galore, blond und selbstbewusst und kein Bond-Girl mehr im üblichen Sinn. Sie befehligt als Commander »Pussy Galores Flying Circus«, eine Fliegerstaffel mit Pilotinnen, die über Fort Knox tödliches Nervengas abwerfen sollen, um die Spezialtruppe auszuschalten, die das Fort bewacht. Pussy ist keine Frau, die sofort schwach wird beim Anblick des Teufelskerls James Bond: »Sie können Ihren Charme abschalten. Ich bin immun.« Bond muss erst einen Karatekampf mit ihr im Heu siegreich bestehen, ehe sie auf seine Seite wechselt. Damit kommt er auf die Siegerstraße im Kampf gegen Goldfinger, denn Pussy lässt nun das Nervengas gegen ein harmloses Betäubungsmittel austauschen, um Bond und der Gerechtigkeit zum Sieg zu verhelfen. Amüsant sind die Szenen, in denen die Pilotinnen das »Nervengas« über Fort Knox abwerfen und Hunderte von Soldaten wie ein Zinnfiguren-Ballett umfallen. Sie sind allerdings nur leicht betäubt und kommen schnell wieder zu sich, um den Kampf gegen Goldfinger aufzunehmen.

Die härteste Nuss im Showdown stellt Oddjob dar. Er steht da wie ein Panzer, Bonds Fäuste an seiner massigen Figur bleiben im Endkampf wirkungslos, er schleudert den Geheimagenten durch die Räume wie einen nassen Sack. Bond gelingt der Sieg nur durch eine List: Er jagt Stromstöße durch den Mann. Das Schluss-Spektakel findet im Flugzeug statt, auf der Route nach

Washington beharken sich Bond und Goldfinger – und einer von beiden purzelt am Ende aus der Maschine.

Neben Connery als Bond und Fröbe als Goldfinger sind noch zwei glänzend besetzte Rollen hervorzuheben: Honor Blackman als Pussy Galore und der japanische Ringer Harold Sakata als Oddjob. Die Filmcrew durfte zwar Luftaufnahmen über Fort Knox machen, aber für das Innere des Forts gab die Armee keine Drehgenehmigung. So gestaltete Ken Adams die Nachbildung des berühmten Schauplatzes zu einem kleinen Meisterwerk.

Das Bond-Team hatte mit *Goldfinger* den Jackpot geknackt. Der »Playboy« erklärte James Bond zum Helden seiner Zeit und Sean Connery zum Mann des Jahrzehnts. »Swinging London« feierte mit *Goldfinger* den größten Triumph der Dekade. Der Thriller setzte seinen Siegeszug in den USA fort und spielte dort bei heute lächerlich anmutenden Produktionskosten von 2,9 Millionen in kurzer Zeit einundfünfzig Millionen Dollar ein. Das Problem lautete nun: Wie konnte man diesen Erfolg noch übertreffen?

Als Sean Connery vor einigen Jahren auf seinem spanischen Besitz in Marbella von seiner Enkelin nach *Goldfinger* gefragt wurde, sah er sich mit dem Mädchen den Film nach langer Zeit wieder an: »Es war interessant. Früher sah ich nur, wie er zusammengefügt war, doch diesmal gefiel er mir besser. Es gab eine gewisse Eleganz und Zuversicht in ihm.« In den sechziger Jahren hingegen hatte Connery keinen seiner Bond-Filme im Kino sehen wollen: »Da gab's immer Chaos.«

Feuerball

Noch ehe der erste Film der Bond-Serie von Broccoli / Saltzman in Produktion gegangen war, hatte Ian Fleming versucht, selbst ein Drehbuch zu schreiben, das aber nicht verfilmt wurde. Daran beteiligt waren der Produzent Kevin McClory und seine Freunde Ivar Bryce, Ernst Cuneo und der Drehbuchautor Jack Whittingham. Nachdem das Projekt gescheitert war, benutzte Fleming, ohne seine Partner zu fragen, die Story für seinen Roman »Feuerball«.

McClory zog gegen Fleming vor Gericht und gewann den Prozess: Damit besaß er die Filmrechte an *Feuerball* (*Thunderball*, 1965).

McClory hätte diesen Film gern selbst realisiert. Er liebäugelte mit Richard Burton als James Bond, gab den Plan aber schließlich auf und verkaufte die Rechte an Broccoli / Saltzman, fungierte aber als Co-Produzent. Und er hatte sich eine Klausel in den Vertrag schreiben lassen, dass die Rechte nach zehn Jahren an ihn zurückfielen.

Der Organisation SPECTRE gelingt es in *Feuerball*, zwei Atombomben zu stehlen. Sie versucht damit, die britische Regierung zu erpressen, was aber misslingt, weil James Bond das Versteck der Bomben entdeckt und die Gegner in einem fulminanten Unterwassergefecht ausschaltet.

Gedreht wurde ab Februar 1965 mit einem Etat von fünfeinhalb Millionen Dollar in einem alten Schloss nahe Paris und auf den Bahamas. In spektakulären Action-Szenen wimmelt es im blauen Wasser der Karibik von maskierten Männern in orangen und schwarzen Taucheranzügen und mit Harpunen – fünfundzwanzig amerikanische Unterwasserkämpfer liefern sich ein Gefecht auf Leben und Tod gegen die schurkischen Froschmänner der Terrororganisation.

Die Kritik bemängelte, dass dieses Highlight gleichzeitig ein Schwachpunkt des Thrillers sei: Zum einen dauerten die Szenen viel zu lang, und in dem Gewusel könne man Freund und Feind nicht mehr unterscheiden. Auch Connery und Regisseur Terence Young drückten später ihre Unzufriedenheit mit dieser Sequenz aus. Young kritisierte, dass die Dominanz der Unterwasserszene die Action verlangsame, Connery wandte ein, dass die Grenzen des technischen Spektakels erreicht seien, man in Zukunft sich wieder mehr der besseren Charakterisierung der handelnden Personen widmen sollte.

Das Rennen um die weibliche Hauptrolle gewann die Französin Claudine Auger gegen Julie Christie, Raquel Welch und eine Reihe anderer Bewerberinnen. Mademoiselle Auger war begeis-

tert von der Zusammenarbeit mit dem berühmten Schotten: »Er ist ein feiner Schauspieler, stark, grausam, hart, aber zu großer Zärtlichkeit fähig – ein wirklicher Mann. Wir haben keinen wie ihn in Frankreich.«

Das Interesse der Weltpresse an den Dreharbeiten war noch nie so groß wie bei diesem Film, der Medienrummel nahm ungekannte Dimensionen an. Alle größeren Zeitschriften aus Amerika, Europa und dem Rest der Welt schickten ihre Reporter, dazu kamen Fernsehteams von BBC, ITV, NBC und anderen Sendern. Doch die Studios in Nassau wurden hermetisch abgeriegelt, Connery weigerte sich strikt, mit den Journalisten zu sprechen, was diese nicht gerade freundlich stimmte. In der Ehe des Stars mit Diane Cilento kriselte es zu dieser Zeit. Wie stets bei einem

Connery, Claudine Auger und Adolfo Celi in »Feuerball«

Medien-rummel

neuen Bond-Streifen versuchte die Boulevardpresse auch diesmal, Connery eine Affäre mit seiner Partnerin anzudichten. Diane mit den Kindern folgte ihrem Ehemann nach Nassau an den Love Beach, und die Journaille konnte wieder kräftig spekulieren.

In einem Gespräch mit David Lewin, einem Freund der Schauspielerin, erklärte Diane Cilento: »Das Filmgeschäft kann einen packen und einwickeln, als wäre man ein Stück Fleisch. Aber ich kann dir sagen, wir lassen uns nicht so einfach vermarkten. Sean und ich haben unser eigenes Leben, das wir auf unsere eigene Art führen.«

Feuerball übertraf wieder alle Einnahme-Rekorde. Es gab mehrere »Premieren« des Films, eine auf Nassau und zwei gleichzeitig in London. Sean Connery glänzte dabei durch Abwesenheit.

Man lebt nur zweimal

Schon vor Drehbeginn zu *Man lebt nur zweimal* (*You Only Live Twice*, 1967) erklärte Sean Connery, er würde mit James Bond nach diesem Film endgültig Schluss machen.

Auf der Leinwand wird 007 gleich in der ersten Bettszene mit einer jungen Asiatin erschossen, ein Gag von Drehbuchschreiber Roald Dahl: In Wahrheit lebt der Agent natürlich, alles ist nur ein Fake, um den Feind zu irritieren; nach einem waschechten Seemannsbegräbnis, bei dem Bonds »Leiche« ins Meer geworfen wird, tauchen zwei Froschmänner in die Tiefe und holen den Agenten in die Welt zurück.

Die wie immer bösartige Organisation SPECTRE, in einem vulkanischen Krater versteckt, klaut nacheinander russische und amerikanische Raumschiffe, um einen Weltkrieg zwischen den Supermächten anzuzetteln. Bond soll herausfinden, wo die Terroristen die Weltraumungetüme versteckt haben. Originell sind die Szenen, in denen das mächtige Raumschiff von SPECTRE wie ein Hai das Fischmaul aufreißt und die kleineren Raumkapseln im All schluckt.

Rechte Seite: Mit Akiko Wakabayashi in »Man lebt nur zweimal«

James Bond wird also nach Fernost geschickt, wo ihn sofort eine hübsche Japanerin bei einem Sumo-Ringer-Zirkus in Empfang nimmt. Bonds Kontaktmann Henderson endet mit einem Dolch im Rücken und Miss Aki bringt 007 schnell zu Mister Tanaka, dem Chef der Geheimpolizei, der den Fall mit dem Superagenten durchziehen soll. Bond kämpft gegen einen Karatehelden, indem er ihm ein Sofa in die Rippen rammt. Viel ereignet sich in den Lüften, man verwendet Raketenpistolen und Babyraketen. Zu den schönsten Gags zählt »Little Nellie«, Bonds zusammenlegbarer Spezialhubschrauber, der gleich vier Flugobjekte wegpustet. Nicht zu vergessen die Entsorgung eines Gangsterautos aus der Luft durch einen Hubschrauber der japanischen Polizei. Nachdem Aki vergiftet wird, muss Bond-san sich zur Tarnung ganz in einen Japaner verwandeln und heiraten, diesmal Miss Kissy Suzuki, die ihm bis zum Happy End treu bleibt.

Donald Pleasence als Blofeld mit Schramme und Monokel im Gesicht, den manche Kritiker für eine Fehlbesetzung hielten, war großartig in Form und gab einen gespenstischen Gegenspieler ab; unliebsame Personen ließ er in sein Wasserbassin werfen, wo sie in Sekundenschnelle von Piranhas verspeist wurden. Das Feuerwerk im Finale des Films war etwas zu übertrieben, erinnert an heutige Actionfilme, in denen vorhersehbar alle acht Minuten etwas explodiert. Die technischen Spielereien in diesem Film überboten alles bisher Dagewesene, und für Connery lief diese Tendenz genau in die falsche Richtung. Kritiker glaubten eine gewisse Lustlosigkeit in seinem Spiel zu erkennen.

Im Juli 1966 traf der Star zu den Dreharbeiten in Japan ein; er wurde von Fans verfolgt und gefeiert wie ein Gott, wo immer er sich sehen ließ. Das Bond-Fieber grassierte auch in Fernost. Connery verließ das Hotel nur, wenn es sich absolut nicht vermeiden ließ.

Der Thriller lebt vom Lokalkolorit, den Karatekampfszenen und dem überraschenden Innenleben des Kraters, in dem sich Blofelds unterirdischer Raketenstützpunkt befindet. Die Kulissen waren mit dreihundertfünfzigtausend Pfund die bis dahin

Rechte Seite:
Spezialhub-
schrauber
»Little Nellie«

aufwändigsten der Bond-Serie; die Abschussrampe war über vierzig Meter hoch, die Rakete zweiundzwanzig Meter lang. Ken Adam errichtete dieses prächtige Szenarium in den Londoner Pinewood Studios.

Der »Thriller im Trend der Zeit« entfernte sich immer weiter von Fleming, gab sich als futuristisch-makabere Zukunftsvision. Damals in den sechziger Jahren legten die USA gerade ihr Gemini-Programm auf, innerhalb dessen Astronauten erstmals ihr Schiff zu einem Spaziergang im All verließen.

Zur Premiere des Films am 12. Juni 1967 erschien Connery mit einem dicken Schnurrbart. Auch die Queen war anwesend und fragte ihn: »Ist das wirklich Ihr letzter Bond?« Connery: »Es tut mir Leid, Madam.« In New York feierte der Film in vier Kinos gleichzeitig Premiere: *Man lebt nur zweimal* wurde wieder ein großer Erfolg.

Diamantenfieber Zwischen 1968 und 1971 trat Connery in vier Filmen auf, von denen keiner erfolgreich war, abgesehen von dem Gangsterfilm *Der Anderson-Clan* (*The Anderson Tapes*, 1971) unter der Regie seines Freundes Sidney Lumet. Trotzdem hielt sich der Schotte eisern an seine Ankündigung, nach *Man lebt nur zweimal* keinen weiteren Bond-Film zu drehen. Broccoli / Saltzman versuchten ihn mit Engelszungen zu überreden, aber Connery blieb hart.

Die Produzenten mussten das folgende Abenteuer *Im Geheimdienst Ihrer Majestät* (*On Her Majesty's Secret Service*, 1969) mit einem anderen Bond-Darsteller produzieren. Man entschied sich für den australischen Dressman George Lazenby, der bisher nur durch eine Schokoriegel-Werbung aufgefallen war, und erlebte ein Desaster. Der Film war zwar nicht schlecht, spielte aber weniger Gewinn an der Kinokasse ein als frühere Bond-Abenteuer. Der neue James Bond erwies sich als totaler Reinfall, er besaß keine Power, keine Ausstrahlung, und schauspielerisch war er eine Null.

Ein neuer Bond

Nun suchte man verzweifelt nach einem neuen Darsteller. Der in jenen Tagen noch unbekannte Burt Reynolds war im Gespräch und als Favorit John Gavin, der in Stanley Kubricks *Spartacus*-Epos den Julius Cäsar gegeben hatte. Doch der damalige Präsident von United Artists, David Picker, bestand darauf, Sean Connery noch einmal zurückzuholen. Man bot zuerst eine Million als Honorar, dann flog Picker selbst nach London und hatte 1,25 Millionen Dollar im Gepäck plus Gewinnbeteiligung. Zusätzlich wollte man Connery zwei Filme seiner Wahl finanzieren, egal welchen Stoff er wählte und ob er nun selbst mitspielen oder nur Regie führen wollte. Das konnte selbst Connery nicht ablehnen. Und so wurde der Bond-Thriller *Diamantenfieber* (*Diamonds Are Forever*, 1971) mit ihm in der Titelrolle wieder ein Riesenhit.

In dem Roman von Fleming schleicht sich Bond in einen Diamantenschmugglerring ein, der zwischen England, Südafrika und Las Vegas operiert – eine geradlinige Story, zu lahm und

»Diamanten-
fieber«

unergiebig für den fortgeschrittenen Bond-Fan. Drehbuchautor Richard Maibohm kam die Idee, das Motiv zu erweitern. Die Diamanten waren nur Mittel zum Zweck für eine Laser-Kanone. Er hatte entdeckt, dass der erste Laser tatsächlich durch einen Diamanten projiziert wurde. Einen brillanten Einfall steuerte dann Tom Mankiewicz bei, der Maibohms Drehbuch den letzten Schliff gab: Bonds Gegenspieler Blofeld lässt in einem Riesenbottich (!) mehrere Doppelgänger von sich anfertigen, und jedes Mal, wenn der Geheimagent seinen Widersacher erledigt, ist es der falsche. Am Ende findet Bond den echten Blofeld auf einer Insel im Pazifik, und im Showdown macht ihm 007 mit Hubschrauber-Unterstützung den Garaus. Kurz vor dem Abspann, als Bond mit seiner Gespielin Tiffany auf einem Luxusdampfer diniert, tauchen noch zwei übrig gebliebene Killer Blofelds als Kellner verkleidet auf – sie wünschen sich hinterher, James Bond nie begegnet zu sein.

Gedreht wurde erstmals auch in Deutschland am Frankfurter Flughafen, weitere Schauplätze waren Amsterdam, Nizza, Las Vegas und Palm Springs. Der Film wurde ein Renner der Weihnachtssaison 1971 und in den USA erst 1995 von dem Bond *Golden Eye* übertroffen. »Connery beweist erneut, dass er als Bond unersetzlich ist«, schrieb damals das »Monthly Film Bulletin«. Er war aber natürlich doch zu ersetzen.

—

Tricks, Slapstick, Bond-Girls In *Liebesgrüße aus Moskau* versorgte der Chef der Abteilung »Q«, wie seitdem in jedem Bond-Film, den Superagenten mit einem »Spielzeug«, in diesem Fall ein Koffer. Er enthielt fünfzig Goldstücke, ein zusammenlegbares Spezialgewehr mit Infrarot-Zielfernrohr und einen als Deo getarnten Trickkanister mit Tränengas. Natürlich rettete dieser Koffer im Finale James Bond das Leben.

Im folgenden Film *Goldfinger* wurde Bonds Wunderwaffe der berühmte Sportflitzer Aston Martin . Er verfügte über ein kugel-

Rechte Seite:
Bond-Girls
Shirley Eaton,
Claudine
Auger, Akiko
Wakabayashi

sicheres Heck, einen Schleudersitz für unliebsame Mitfahrer, Maschinengewehre, einen Radarschirm, ausfahrbare Reifenschlitzer, Nebelwerfer, Rammstangen und weitere Spielereien, mit denen Bond seine Gegner leimen konnte. Außerdem erfand man die Bell-Einmann-Rakete, mit der der Agent in die Lüfte entschweben konnte, eine Unterwasser-Ausrüstung mit Sauerstoff-Ampullen und mit Sprengstoff präparierte Harpunenspitzen. Die technischen Spielereien gehörten fortan zu James Bond wie das Ei zum Huhn – alle aufzuzählen wäre müßig. Connery selbst hat sich gelegentlich darüber lustig gemacht, doch diese Requisiten sind wesentlicher Bestandteil der Bond-Filme, sie suggerieren, dass sich die Abenteuer auf dem neuesten Stand der Technik ereignen.

Für James Bond hat die Luft sprichwörtlich Balken, er überwindet mühelos Raum und Zeit, schwebt aus dem Himmel herab oder ficht unter Wasser. Zu seinen leichtesten Übungen gehört der Flug mit seinem Motorrad über ein Auto wie in *Sag niemals nie* – was 1983, als Bilder noch gefilmt und nicht digital am Computer erzeugt wurden, eine wahre Sensation war. In allen James-Bond-Filmen wird die Welt zu einem grenzenlosen Abenteuerspielplatz für heldenhaften Slapstick, der den Zuschauer in den Kinosessel presst und ihm kaum Zeit lässt, Luft zu holen.

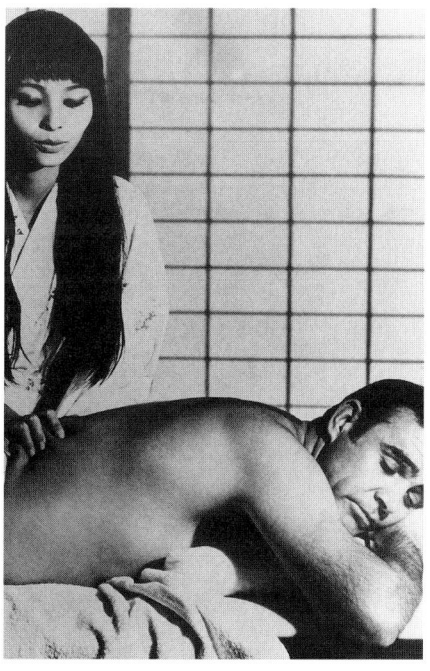

Größten Wert legte Albert Broccoli auf die Präsenz verführerischer Mädchen, mit Vorliebe testete er tagelang Schönheiten aus aller Herren Länder. Für *Liebesgrüße aus Moskau* hieß seine »Wunderwaffe« Daniela Bianchi, sie hatte bereits bei der Wahl zur »Miss Universum« Gelegenheit gehabt, ihre Reize zur Schau zu stellen. Für viele Starlets bedeutete ihre Entdeckung als Bond-Girl den Beginn einer Filmkarriere. Beispiele dafür sind unter anderem die ehemalige »Miss France« Claudine Auger, die in *Goldfinger* Aufsehen erregte, oder Kim Basinger, die mit *Sag niemals nie* bekannt wurde.

James Bond im Kampf mit dem Leibwächter von Auric Goldfinger

Gegenspieler Schon in der Antike wurden die Taten der Heroen dadurch ins Unermessliche überhöht, dass man sie mit einem übermächtigen Gegner konfrontierte. Je kaltblütiger und monströser der Feind, desto größer die Heldentat. Nach diesem Prinzip sind auch Bonds Gegenspieler gestrickt. Doch bei all ihren Narben, Entstellungen und Eisenkrallen behielten sie ihr menschliches Gesicht. Für die Verkörperung dieser Bösewichter wurden Charakterdarsteller wie Gert Fröbe, Donald Pleasence oder Klaus Maria Brandauer verpflichtet. Ein Upper-Class-Geheimagent in Gentleman-Format mit Witz und scharfem Verstand verdiente ausgeschlafene, hochintelligente Widersacher – alles andere wäre unter seiner Würde gewesen.

Während Joseph Wiseman als Dr. No noch eine vergleichsweise harmlose Marionette darstellte, war Robert Shaw als psychopathischer Red Grant in *Liebesgrüße aus Moskau* schon eine Spur rachsüchtiger und perverser. Mit sadistischer Grausamkeit wurde 007 dann von Gert Fröbe als Goldfinger durch die Mangel gedreht, als dieser versuchte, Bond mit einer Laserkanone in zwei Teile zu zersägen. Auch Adolfo Celi als Largo mit schwarzer Augenklappe und seinen netten Mörderfischen in *Feuerball* war nicht von Pappe. Einen aalglatten Satan gibt Klaus Maria Brandauer in *Sag niemals nie*, dem Remake von *Feuerball* – bei ihm finden sich keinerlei äußerliche Abnormitäten, dafür ist er an Zynismus kaum zu überbieten. In mehreren Filmen hat es Bond mit Blofeld, dem Kopf der Organisation SPECTRE, zu tun, der gern »unsichtbar« bleibt und nur an seiner weißen Katze zu erkennen ist. Einen ausgesuchten Rachegott mit Kahlkopf und Monokel mimte dabei Donald Pleasence in *Man lebt nur zweimal*, und gleich gegen mehrere »falsche« Blofelds musste Bond in *Diamantenfieber* antreten, der richtige war am Ende der schmallippige Widerling alias Charles Gray.

Neben dem Oberschurken, der als Organisator den teuflischen Plan ausheckt, gibt es noch als dessen rechte Hand den »Unterschurken«. Sein Kennzeichen ist eine Kleiderschrankfigur oder martialisches Aussehen oder beides wie bei Oddjob, Goldfingers Mann fürs Grobe. Er ist meist Osteuropäer oder Asiate und fällt nicht durch Gesprächigkeit auf – im Gegenteil, er ist stumm oder gibt nur Grunzlaute von sich.

Den Schurken, denen Bond jedes Mal zunächst in die Hände fällt, gelingt es nie, 007 zu töten. Im letzten Augenblick kann sich der Geheimagent durch eine List oder eine seiner Wunder-

Bond-Gegenspieler: Charles Gray, Klaus Maria Brandauer, Donald Pleasence

waffen befreien. Oder die Eitelkeit des Oberschurken hindert ihn zunächst daran, Bond sofort zu eliminieren: Denn sein Tod soll zelebriert werden, 007 soll langsam und qualvoll sterben. Dieses Zögern des Schurken verschafft dem Geheimagenten die nötige Zeit, den Kopf wieder aus der Schlinge zu ziehen.

Ein Interview mit Folgen Im Jahr 1965 hatte ein Interview, das Connery während der Dreharbeiten zu *Feuerball* dem »Playboy« gab, böse Folgen. Die Journalisten befragten Connery nach seinem persönlichen Verhältnis zu Frauen im Vergleich zu seinem Image als James Bond.

Wie war James Bonds Anziehungskraft zu interpretieren? Speiste sie sich aus Sex, Sadismus, Snobismus oder mehr daraus, dass er als loyal und nicht korrumpierbar galt? Connerys Antwort: Bond sei eine Mischung aus all diesen Eigenschaften. Und natürlich muss er einem sadistischen Feind mit gleichen Mitteln begegnen. Dann kam die hinterhältige Frage: »Wie fühlte sich Connery, wenn er als Bond eine Frau schlagen musste?« Er antwortete, er glaube nicht, dass etwas besonders Schlimmes daran sei, eine Frau zu schlagen, wörtlich: »Wenn eine Frau ein Biest ist, wenn sie hysterisch wird oder aggressiv, dann würde ich zuschlagen.« Dieser Satz bezog sich eindeutig auf seine Rolle als James Bond und nicht auf den privaten Sean Connery. Doch da die Grenze zwischen dem Star und seiner Rolle bereits fließend verlief, wurde Connery immer wieder mit diesem Zitat konfrontiert. Als er in den achtziger Jahren bei der TV-Journalistin Barbara Walters in einer Talkshow auftrat, hielt sie ihm diese Aussage vorwurfsvoll vor. Selbst 1992 noch wiederholte ein australisches Magazin diesen Satz als angeblich letzte Neuigkeit über Connery.

Seit diesem »Playboy«-Interview verteidigt der Star seine Privatsphäre unerbittlich: Er wurde ein Vorkämpfer in dieser Sache, der sich dann andere Hollywood-Größen anschlossen. Connery gab fortan nur noch Kommentare zu seiner Arbeit ab, sein Privatleben blieb in Interviews tabu. Er fand es deshalb gar nicht amüsant, als Diane später anklingen ließ, dass sie in ihrer Ehe von ihm misshandelt worden sei. Der Star reagierte in einem »Paris Match«-Interview: »Ich habe es satt, diese Horrorgeschichten über mich zu lesen. Sie sind total erfunden.«

Sean Connery war zwar nun ein Filmstar, **Der Preis des Ruhms** den jeder kannte, aber er wäre lieber als Shakespeare-Mime berühmt geworden. Die Sensationsreporter der Yellow Press, die ihm rund um die Uhr an den entlegensten Ecken auflauerten, wollten nicht akzeptieren, dass James Bond privat keinen Bentley der Luxusklasse fuhr, nicht in einem Schloss hauste, in der Abenddämmerung im Seidenhemd und Savile-Row-Anzug am Roulettetisch sein Glück versuchte, Champagner schlürfte und nächtens Blondinen flachlegte. Die Boulevardpresse betrachtete James Bond als öffentliches Eigentum, als ein Phänomen, über das jeder Bescheid wissen musste.

In Wahrheit hatte Connery für seine ersten Honorare in Acton, einem Londoner Stadtviertel, ein Haus im viktorianischen Stil gekauft, ein ehemaliges Nonnenkloster, das er mühsam renovierte. Dort saß er in seinen ausgebeulten Hosen, mit Frau und Kind, und wenn er unterwegs war, dann in seinem VW-Bus mit Kindersitz. Er gab kaum noch Interviews, galt deshalb als arrogant, zugeknöpft, unnahbar.

Das alles führte dazu, dass Connery die Reporter zu hassen begann, dass er kurz davor war, sie zu verprügeln, wenn er wieder einmal in einem Magazin einen achtseitigen Artikel über James Bond las, in dem der Name Sean Connery nicht ein einziges Mal vorkam. Aber nicht nur, dass sein Privatleben keine Sensationen bot, James Bond war für Connery zudem nur eine Rolle, und zwar eine, die er nicht einmal besonders mochte, auch wenn sie ihn reich und berühmt gemacht hatte.

Die »Sensation« der Bond-Thriller manifestierte sich aber an einer ganz anderen Stelle, nämlich dort, wo harte Arbeit geleistet wurde, bei den Dreharbeiten. »Man braucht die Konstitution eines Rugby-Spielers, um diese halsbrecherischen Wochen schwimmend und prügelnd zu überstehen«, meinte Connery über die Arbeit an *Feuerball*. Als sportlicher Typ sprang und boxte er sich häufig selbst durch Szenen, für die eigentlich ein Stuntman vorgesehen war.

Konflikte Das erhöhte die Authentizität der Filme – und sparte Kosten, verwies zugleich jedoch auf das nächste Problem: Connerys Beziehung zu Broccoli / Saltzman. Ihr Verhältnis hatte sich rapide verschlechtert. Connery hatte sich anfangs mit einer bescheidenen Gage zufrieden gegeben und erwartete nach dem Erfolg nun ein wesentlich höheres Honorar. Doch den beiden Produzenten saß der Geiz in den Knochen, sie wollten nicht zahlen. Es ging das Gerücht, dass Broccoli oder Saltzman den James Bond am liebsten selbst gespielt hätten, wenn das irgendwie möglich gewesen wäre. Für *Goldfinger* erhielt Connery fünfzigtausend Pfund plus einer prozentualen Gewinnbeteiligung. Das klingt gut, ist aber eine bescheidene Summe, wenn man das gigantische Einspielergebnis des Thrillers zum Maßstab nimmt.

Die persönliche Abneigung der Kontrahenten ging so weit, dass Connery sich weigerte zu drehen, wenn Harry Saltzman auf dem Set erschien. Als Connery hörte, dass Broccoli einen Schlaganfall erlitten hatte und vorübergehend einseitig gelähmt war, soll er gesagt haben: »Verdammt, ich hoffe, morgen ist auch die andere Seite gelähmt.«

Nach Broccolis Verständnis sah die Lage so aus, dass er und Saltzman Sean Connery zum Status eines internationalen Filmstars verholfen hatten und er damit zu Reichtum und Popularität gekommen war. Connerys Antwort lautete: »Und wie viel hat er dabei verdient? Wie viel war er wert vor den Bond-Filmen? Und wie buchstabiert er G-E-I-Z?«

Das Gefühl, bei den Bond-Honoraren übervorteilt worden zu sein, nagte noch jahrelang an dem Schotten, irgendwann setzte er für sich seinen Verlust auf zweihundertfünfundzwanzig Millionen Dollar fest. Er errechnete, dass bei einer gleichberechtigten Partnerschaft zwischen ihm und den beiden Produzenten, die diese abgelehnt hatten, es ihnen gemeinsam ohne Probleme möglich gewesen wäre, United Artists aufzukaufen.

Ende der siebziger Jahre war Connerys Stern nach einer Reihe mäßiger Filmerfolge am Sinken, da ließ er sich – zwölf Jahre nach seinem letzten Bond und in Konkurrenz zu Roger Moore – überreden, noch einmal in die Rolle des Geheimagenten zu schlüpfen. Der Film bekam den viel sagenden Titel *Sag niemals nie* (*Never Say Never Again,* 1983). Dieser allerletzte Bond-Thriller mit Sean Connery ist sicherlich eine seiner witzigsten und gelungensten Arbeiten überhaupt, vor allem schaffte es der Star, den sagenumwobenen 007 noch einmal in Perfektion das große Abenteuer bestehen zu lassen und zugleich seinen eigenen Bond-Mythos zu persiflieren.

Rollenwechsel

*Es gab mich schon, bevor Bond auf der
Bildfläche erschien; und es wird mich noch
geben, wenn er längst verschwunden sein wird.*
SEAN CONNERY

Auch während seiner Zeit als James Bond übernahm Connery regelmäßig andere Rollen, um sich von dem turbulenten Leben als Geheimagent zu erholen.

Hitchcock und ein Haufen toller Hunde

Die Strohpuppe (*Woman of Straw*, 1964) ist die Geschichte einer superglamourösen Pflegerin (Gina Lollobrigida), die von dem Neffen (Sean Connery) gedrängt wird, seinen reichen, aber kranken Onkel zu heiraten, um ihn zu beerben. Natürlich will der böse Neffe an diesem Reichtum partizipieren. Doch dann überrascht der Tod den Onkel früher als erwartet, und die Dinge laufen aus dem Ruder. Connery mimt diesen kalt kalkulierenden Playboy forsch, fast in Bond-Manier und nicht ohne Spaß an der Figur eines heimtückischen Erbschleichers. Einprägsam war die Rolle des »Onkels«, gespielt von Ralph Richardson, in dem Connery eines seiner Vorbilder sah.

Mit Ralph Richardson (im Rollstuhl) und Gina Lollobrigida in »Die Strohpuppe«

Der durchaus spannende Film wurde von der Presse als Hitchcock-Imitation abgetan. Übers Ziel hinaus schoss die Kritik des »Daily Herald«: »Connery, hölzern wie eine alte Eiche, sieht aus, als wünschte er sich verzweifelt, anderswo zu sein.« Der Star selbst meinte, es sei ein Fehler gewesen, das Drehbuch vorher nicht sorgfältig studiert zu haben. Gedreht wurde der Film in den Pinewood Studios in London und auf Mallorca.

Linke Seite: Mit Tippi Hedren in »Marnie«

Marnie

Nach diesem »Imitat« ging Connery sofort zum Original über. Der »Meister des Suspense« rief den Schotten an und fragte ihn, ob er eine Rolle in *Marnie*, der »Geschichte einer fetischistischen Liebe« (Hitchcock) übernehmen wolle. Connery erdreistete sich, das Drehbuch vorher lesen zu wollen. Der Regisseur: »Niemand will je ein Hitchcock-Drehbuch sehen, nicht mal Cary Grant.« Connery: »Ich bin aber nicht Cary Grant.« Also bekam er das Drehbuch zu sehen und als Honorar die für damalige Verhältnisse stattliche Summe von zweihunderttausend Dollar plus fünf Prozent Gewinnbeteiligung.

Für die weibliche Hauptfigur Marnie, eine verführerische Blondine, war ursprünglich Grace Kelly vorgesehen, doch das Fürstentum Monaco untersagte ihr eine so »anrüchig-perverse« Rolle. Hitchcock: »Ein Mann will mit einer Diebin schlafen, weil sie eine Diebin ist, wie andere mit einer Chinesin oder einer Negerin schlafen wollen.« So spielte Tippi Hedren, die gerade von Hitchcocks Vögeln fast totgepickt worden war, Marnie. Die psychisch gestörte Frau entpuppt sich nicht nur als Kleptomanin, sie ist außerdem frigide; doch das reizt Mark Rutland (Sean Connery), Marnies reichen Arbeitgeber, besonders. Er entdeckt Marnies Schwäche, übergibt die Frau jedoch nicht der Polizei. Stattdessen entwickelt er eine sexuelle Obsession für sie. In dem Thriller herrscht eine alptraumhafte Atmosphäre. Connery spielt seine Rolle kühl und fast emotionslos, die Virilität und unterdrückte Power der Figur schienen ihm auf den Leib geschrieben.

Es kam bei den Dreharbeiten zu Spannungen zwischen Hitchcock und Hedren, der Regisseur sprach schließlich nicht mehr mit der Dame, gab seine Anweisungen nur noch über den Assistenten, und man munkelt, dass Hitchcock dafür sorgte, dass Tippi Hedrens Karriere danach abrupt endete.

Die Arbeit mit Hitch war eine Bereicherung für Connery, auch wenn dem Regisseur sein etwas atemloser Sprechstil nicht gefiel und er ihn bat, langsamer zu sprechen. Hitchcock war zwar mit Connerys Leistung zufrieden, meinte allerdings später in seinem berühmten Gespräch mit Truffaut, dass die Figur dieses

Patriziers aus Philadelphia mit einem älteren Star wie Laurence Olivier besser besetzt gewesen wäre.

Die Dreharbeiten begannen im Dezember 1963 in Los Angeles und waren nach wenigen Wochen abgeschlossen. Danach flog Connery nach London zurück, um im März 1964 in den nächsten James Bond, *Goldfinger,* einzusteigen.

Die Kritik war bei der Uraufführung enttäuscht von *Marnie*. Inzwischen hat sich der Film als einer der klassischen Hitchcock-Thriller etabliert. Freundlich urteilte damals die »Times«: »*Marnie* bietet über zwei Stunden glänzende Unterhaltung. Connery entkommt effektvoll seinem James-Bond-Klischee und vermittelt in seiner ersten echten dramatischen Rolle eine Ahnung davon, dass er ein fähiger Schauspieler werden kann.«

Dann fiel Connery das Drehbuch zu dem noch unproduzierten Theaterstück *Breaking Point* von Ray Rigby in die Hände. Der Autor verarbeitete dabei eigene Erfahrungen in einem kritischen Drama, das den stupiden englischen Militarismus geißelte. Der daraus entstandene Film *The Hill,* in dem es um eine Gruppe britischer Soldaten in einem Militärstraflager in Nordafrika geht, bekam den allzu reißerischen deutschen Titel *Ein Haufen toller Hunde:* Die Gefangenen müssen in voller Montur immer wieder bei glühender Hitze einen Sandhügel hinaufrennen; sie sollen gedemütigt werden, um wieder zu »richtigen Soldaten«, blinden Befehlsempfängern zu werden.

Ein Haufen toller Hunde

Connery spielt den Strafgefangenen Joe Roberts in einer vergammelten Khaki-Uniform, ohne Toupet und mit zerzaustem Schnurrbart – ein rauer Bursche mit wilden Augenbrauen und ungebügeltem Benehmen. Sein »Vergehen« war es, sich gegen den sinnlosen Befehl eines Vorgesetzten aufgelehnt zu haben. Er gilt als Rädelsführer einer Revolte, die ausbricht, nachdem ein Soldat durch die unmenschlichen Schikanen zu Tode gekommen ist.

Ein Haufen toller Hunde wird eine von Connerys schauspielerischen Glanztaten, er spielt den harten rebellischen Typen grimmig, in realistischer Manier und ohne Bond-Glamour: ein muti-

»Ein Haufen
toller Hunde« ger Bursche, der sich trotz aller Schikanen gegen den sadistischen Kommandanten auflehnt – ein Verlierer, der über keine
Wunderwaffen verfügt, aber Haltung bewahrt.

Der Film entstand in Südspanien in der Gegend von Almería,
wo damals auch die berühmten »Spaghetti-Western« von Corbucci und Leone heruntergekurbelt wurden. Die Dreharbeiten
gestalteten sich für die Akteure äußerst strapaziös. »Manchmal
kam ich mir tatsächlich wie ein Strafgefangener vor. Noch nie
hab ich mir meine Gage so schwer verdient«, kommentierte
Connery.

Der Film gewann einen Preis bei den Festspielen in Cannes
1965, und der Star erhielt ausgezeichnete Kritiken. »Connery
erinnert uns daran, welch wirklich glänzender Schauspieler er
ist, wenn man ihm erlaubt, dem stereotypen Bond-Image zu
entkommen«, urteilte der »Sunday Express«.

Nach dem Bond-Thriller *Feuerball*, der 1965 auf den Bahamas gedreht wurde, ließ sich Connery auf eine verrückte Dichterkomödie mit dem Titel *A Fine Madness* (1966) ein, wobei der Originaltitel die Geschichte besser trifft als *Simson ist nicht zu schlagen*. In dieser Satire verkörpert Sean Connery den ausgeflippten Poeten Samson Shillitoe, einen Bohemien und Frauenhelden, der seinen Nonkonformismus hemmungslos austobt. Die Rolle, meilenweit entfernt von James Bond, um nicht zu sagen, das schiere Gegenteil, gab Connery Gelegenheit, sich Frust von der Seele zu schreien. Die Kritiker urteilten unterschiedlich. »Die Hauptrolle wird enthusiastisch interpretiert von Sean Connery«, schrieb »Films and Filming«, fügte allerdings hinzu: »In einer Szene, in der er einen Mann imitiert, der in infantile Idiotie zurückfällt, wirkt er lächerlich.« Die »Financial Times«: »Connery ist ein Schauspieler, der uns oft mit neuen Seiten seines Talents überrascht ... man spürt, dass dieser Mistkerl wirklich Gedichte schreiben könnte, wenn er es versuchte.«

Kurioserweise drehte Connerys Ehefrau Diane Cilento zur gleichen Zeit in Arizona den Film *Hombre* mit Paul Newman, während ihr Ehemann in New York mit Newmans Partnerin Joanne Woodward in *Simson ist nicht zu schlagen* zusammen spielte. Freitagnachts trafen sich die beiden Paare oft im Beverly Hills Hotel, um gemeinsam ihre privaten Lieblingsfilme anzusehen. Paul Newman steuerte dann Bier und selbst gemachtes Popcorn bei.

In jener Phase von Connerys Karriere war das Problem immer dasselbe. Wie brillant oder weniger gelungen die Leinwanddramen auch ausfielen, die er neben seinen Agentenfilmen drehte,

Mit Sue Anne Langdon in »Simson ist nicht zu schlagen«

sie blieben hinter dem Erfolg der Bond-Thriller jedes Mal um Lichtjahre zurück. Später bemerkte Connery philosophisch über diese Zeit: »Der Film spielte natürlich keinen Penny ein. Er war absolut erfolglos, wie die meisten, die ich damals machte.« Gegen James Bond war einfach kein Kraut gewachsen.

Ein Western und das »Rote Zelt«

Wenig Glück war Connery auch mit seinem nächsten Opus beschieden, das nach dem Bond-Thriller *Man lebt nur zweimal* entstand. Er hatte genug von James Bond, einer Rolle, die ihn nach eigener Einschätzung schauspielerisch nicht forderte und in der er sich allmählich vorkam wie »Frankensteins Monster«. Er gab offiziell bekannt, dass er in keinem weiteren Bond-Film mitwirken würde. Die meisten Schauspieler hätten eine so erfolgreiche und finanziell einträgliche Rolle bis ans Ende aller Tage gespielt, nicht so Sean Connery. Sein Entschluss, neue Herausforderungen zu suchen, war mutig und bewundernswert, denn er sprang damit ins kalte Wasser, arbeitete plötzlich ohne Netz und doppelten Boden.

Als junger Mensch in Fountainbridge wäre »Tammy« Connery gern ein Cowboy gewesen, jetzt durfte er einem ansehnlichen Westerner Profil verleihen. Der Film hieß *Shalako* (1968) und basierte auf einem Roman von Louis L'Amour. Eine aus europäischen Aristokraten bestehende Jagdgesellschaft veranstaltet 1880 einen Ausflug nach Mexiko, landet dort in einer für Bleichgesichter verbotenen Indianerreservation, und einige der Mitglieder werden von Apachen massakriert – so werden aus Jägern Gejagte. Da tritt Sean Connery als ehemaliger US-Offizier und berühmter Trapper Shalako auf und verhindert das Schlimmste, indem er den Häuptlingssohn im Zweikampf besiegt, ihm dann aber das Leben schenkt.

Der Western wird getragen von den beiden europäischen »Sex-Symbolen« der sechziger Jahre, Brigitte Bardot und Sean Connery, flankiert von einem weiteren Staraufgebot: Stephen Boyd,

Shalako

Linke Seite: Mit Brigitte Bardot in »Shalako«

Jack Hawkins, Honor Blackman, Woody Strode und Peter van Eyck als preußischer Offizier. Doch die durchaus spannende Story passte in kein Schema, missachtete die Regeln des Genres, der Film geriet zu einem Desaster. Dass sich die Kritik nicht einig war, bewiesen die konträren Beurteilungen. »Nahezu alles an *Shalako* ist auf peinliche Weise schlecht«, schrieb die »International Herald Tribune«. »*Shalako* war ein originelles und historisch sorgfältig recherchiertes Sujet, das zu einer unordentlichen und lachhaften Starparade entartet ist« (»Das Western-Lexikon«). »Ein überzeugendes Porträt, das durchaus seinen Platz hat neben den unvergesslichen Westernhelden eines Gary Cooper oder James Stewart«, so der »Sunday Telegraph«.

Der Film wurde mit großem Ballyhoo gleichzeitig in London, München und New York gestartet. Connery wohnte der Premiere des Films in Begleitung von Brigitte Bardot in London bei, weitere Gäste waren die »Royals«, Prinzessin Margaret und Lord Snowdon. Einige Tage später gab es noch eine Mini-Premiere in Glasgow, zu der auch Connerys Familie und Freunde kamen.

Nach *Man lebt nur zweimal* lag Sean Connery auf Platz eins der Top Ten der zehn kassenträchtigsten Filmstars des Jahres, vor Marlon Brando, James Stewart und den übrigen Hollywood-Größen. Nach *Shalako* fiel er auf Platz sechs zurück. Connery war es zwar gelungen, aus dem Bond-Teufelskreis auszubrechen, damit hatte er aber den Ast abgesägt, auf dem er saß. Er bemühte sich um neue Projekte, doch bei jedem Vorhaben, so perfekt das Drehbuch, so groß der Anspruch des Films auch waren, blieb ein Rest Unsicherheit.

Da er plötzlich dem strengen Termindruck der Bond-Filme nicht mehr ausgesetzt war und sich zwischen zwei Filmen oft längere Pausen ergaben, konnte er sich nun auch anderen Projekten widmen. Er eröffnete auf der Isle of Man ein eigenes Spielcasino, und er hatte Zeit, um ausgiebig seinem liebsten Hobby Golf zu frönen.

Im Mai 1968 reiste Connery in die USA, um in einem sozial engagierten Film mitzuwirken, ein Projekt, das ihm sehr am

Herzen lag. Als Regisseur gewann er Martin Ritt, der mit Diane
Hombre gedreht hatte und selbst in der McCarthy-Ära ein politisch Verfolgter war; außerdem besaß er den Ruf eines brillanten
Filmemachers. Das Melodram ging auf ein historisches Ereignis
zurück: *The Molly Maguires* be-
zog sich auf den Spitznamen
einer Gruppe irischer Einwan-
derer, die um 1870 in den Koh-
lebergwerken Pennsylvanias
arbeiteten und eine geheime
Gewerkschaft gründeten, um
sich gegen ihre brutale Aus-
beutung zu wehren. In der Verfilmung spielte Connery Jack
Kehoe, den raubeinigen Anführer der Arbeiter. Richard

Harris war als Undercover-Agent James McParlan sein Gegenspieler, der sich Kehoes Vertrauen erschleicht, um ihn dann den
Behörden auszuliefern, was damals Tod durch den Strang bedeutete.

Als Anführer des Geheimbundes *The Molly Maguires* in »Verflucht bis zum jüngsten Tag«

Der Etat für den Film betrug fünf Millionen Dollar. Man drehte
in Eckley/Pennsylvania, einer Geisterstadt mit einem längst
stillgelegten Bergwerk. Um dem Realismus nahe zu kommen,
den ein solches Werk voraussetzte, wollte Ritt in Schwarzweiß
drehen, doch Paramount weigerte sich, auf Farbe zu verzichten.
Der Regisseur ließ deshalb die Gebäude mit Kohlenstaub an-
sprühen, zusätzlich errichtete man zwanzig Häuser und einen
Bergwerksturm, der nach dem Dreh stehen blieb – als Erinnerung an den Film für die Bewohner des Ortes.

»Wenn man einem Menschen nichts weiter zu bieten hat als
Unterernährung, dann erntet man Rache und Terrorismus«, lautete Connerys Sichtweise auf diesen gut gemeinten Film. »Ich
habe nicht vor zu polemisieren, aber ich will in diesem Film deutlich zeigen, dass ich voreingenommen bin und auf der Seite der
Unterdrückten stehe.« Doch der Funke sprang nicht auf das

Publikum über, es interessierte sich nicht für die Botschaft. Paramount brachte das Werk mit eineinhalbjähriger Verspätung im Frühjahr 1970 in die Kinos, wo es dann total floppte.

Immerhin bescheinigte die Kritik Connery und Harris herausragende darstellerische Leistungen. Doch das Publikum verstand nicht, weshalb Sean Connery nicht mehr James Bond sein wollte, 007 einem Niemand namens George Lazenby, der bisher nur durch einen Werbespot aufgefallen war, überlassen hatte. Am 17. Februar 1969 meldete »France Soir«, Connery habe die Rolle als James Bond verloren, weil er zu viel Speck um die Hüften angesetzt hätte. Das machte den Star wütend, er verklagte das Blatt wegen übler Nachrede und gewann den Prozess. Die Zeitung musste eine hohe Schadensersatzsumme zahlen; zumindest an diesem Punkt feierte er einen Sieg.

Das rote Zelt   Dann ließ er sich auf ein historisches Werk ein, das die Erforschung des Nordpols dokumentierte. In der russisch-italienischen Co-Produktion *Das rote Zelt* (*The Red Tent,* 1969) übernahm er die Rolle des Arktisforschers Amundsen. Das Monumentalwerk in Eis und Schnee zeichnet die Luftschiff-Expedition des Generals Nobile im Jahr 1928 nach. In der düsteren Tragödie, an der auch Mario Adorf und Hardy Krüger mitwirkten, kam Connery mit drei Wochen Arbeit in Rom und an russischen Drehorten aus. Amundsen kommt in diesem Film – dies schien ein Symbol für Connerys Laufbahn in jenen Tagen zu sein – ums Leben.

Das detailgenau gestaltete Werk von epischem Format kam zuerst in Italien und Russland in die Kinos. In Italien lief der Film ganz gut an, doch in den USA hielt Paramount *Das rote Zelt* zwei Jahre zurück. Als er dann endlich im August 1971 in die amerikanischen Kinos kam, gab es einen gigantischen Reinfall.

Aber auch bei diesem Film war sich die Kritik nicht einig. »Aus einem Projekt mit einem solchen Potenzial einen so langweiligen Film zu machen zeugt von großem Genie«, schrieb spöttisch die »New York Times« über den Regisseur Michael Kalatosov. Connerys Rolle als Amundsen wurde dagegen als »sehr überzeu-

gend« beurteilt. »Visuell der imposanteste Film seit ›Doktor Schiwago‹«, meinte hingegen »Films and Filming«.

Nach dieser Negativ-Serie prüfte der bisher erfolgsverwöhnte Star die Angebote sehr gründlich, ehe er sich auf einen neuen Film einließ.

Das Zeitklima hatte sich verändert. Die USA warfen Napalmbomben auf Vietnam, die Studentenrevolte schwappte von Amerika nach Europa über, die Beatles kamen mit einem neuen Sound aus Indien zurück, LSD und Flower-Power waren angesagt und in den USA hatte ein Roadmovie, mit einem Mini-Budget von dreihundertfünfundsiebzigtausend Dollar gedreht, einen sensationellen Erfolg: *Easy Rider* (1969), die Geschichte einer aufmüpfigen Jugend. Die veränderte gesellschaftliche Situation führte dazu, dass auch »New Hollywood« reagierte und sich auf gegenwartsbezogene Themen konzentrierte. Die Filmindustrie bewegte sich zwischen Abgesang und Revolte. Man drehte jetzt Filme über die neue Jugend und den Dualismus zwischen bürgerlicher Gesellschaft und Hippie-Gegenkultur. Es ging gegen die Macht des Establishments wie in Penns *Alice's Restaurant* oder Antonionis *Zabriskie Point* (beide 1969), um nur zwei Beispiele zu nennen.

Neue Regisseure wie Robert Altman, Martin Scorsese oder Francis Ford Coppola waren in aller Munde. An Sean Connery schien diese Entwicklung vorbeizulaufen – entweder kannte er zu dieser Zeit nicht die richtigen Leute, oder die Themen lagen nicht auf seiner Wellenlänge. Kein Wunder, dass er die Konsequenz daraus zog und schon bald zu seiner erfolgreichsten Figur zurückkehrte. Doch bis es so weit war, ließ er sich noch auf ein paar aberwitzige Experimente ein.

Krisen In der Ehe des Stars kam es zu Spannungen. Verantwortlich für die Entfremdung war neben anderen Gründen der Ehrgeiz zweier Schauspieler, die ihrer Karriere wegen oft unterwegs waren und sich kaum noch sahen. Oft konnte eine Kleinigkeit einen Krach provozieren. Ein Beispiel dafür ist eine Szene, die sich in Nassau auf den Bahamas ereignete und von der Michael Caine berichtete. Diane bereitete ein Mittagessen, und Michael und Sean gingen zwischenzeitlich in die Kneipe, um einen zu heben. Als sie mit einer Verspätung von zwei Stunden wiederkamen und Sean seine Frau begrüßen wollte, segelte etwas durch die Luft, und Bohnen und Sauce hingen in den Kleidern der beiden Freunde.

Die Erfolglosigkeit der letzten Filme hatte Connery verunsichert. Es war nicht zu übersehen, dass er in einer Krise steckte. Da er wenig zu tun hatte, verzettelte er sich in allerlei Aktivitäten. Er gründete die Handelsbank Dunbar & Co. in der Londoner Pall Mall, und er plante, einen Film über Macbeth zu drehen. Als er hörte, dass Roman Polanski denselben Stoff vorbereitete, gab er das Projekt auf. Stattdessen ließ er sich dazu überreden, die Regie in einem merkwürdigen kanadischen Theaterstück mit dem Titel *I've Seen You Cut Lemons* zu führen. Da es in der Ehe der Connerys kriselte, sollte eine gemeinsame Arbeit sie einander wieder näher bringen. Diane übernahm also die Hauptrolle in dem Zwei-Personen-Stück, die zweite Connerys Freund Robert Hardy. Das Dramolett im Geist der sechziger Jahre um das Tabuthema Inzest war kompliziert, geschwätzig, öde und unverständlich; der Autor wanderte bei den Proben ständig Marihuana rauchend umher. Premiere war im Herbst in Oxford, danach tingelte die Truppe einen Monat durch die Provinz. Doch als das Stück schließlich in London am Fortune Theater aufgeführt wurde, kam nach fünf Tagen das Aus. »Sean schien es ganz gut zu verkraften«, erzählte sein Freund Hardy, »er hielt eine kleine Rede, in der er sich bei uns bedankte, und das war's.«

1969 flog Connery mit ein paar Freunden zu einem Golf- **Micheline** turnier nach Marokko. Dabei fiel ihm Micheline Roquebrune **Roquebrune** auf, ebenfalls eine passionierte Golfspielerin. Am Ende standen beide – Sean und Micheline – auf dem Siegertreppchen. Als der Schotte dann die sportliche Lady näher kennen lernte, stellte sich heraus, dass ihre Ehe gerade am Zerbröseln war. Ihr Ehemann hatte den Rückflug nach Hause angetreten, weil er als wenig versierter Golfspieler ausgeschieden war.

Micheline ging selten ins Kino, deshalb war sie vom Namen Sean Connery wenig beeindruckt. Die beiden verbrachten zwei gemeinsame Tage in Marokko, dann flog er nach London zurück.

Micheline glaubte nicht, jemals wieder etwas von ihm zu hören, denn er hatte mit keinem Wort erwähnt, dass es auch mit seiner Ehe nicht zum Besten stand. Doch er meldete sich schon bald wieder. Micheline: »Der Kontakt zwischen uns war sofort da, und er war sehr stark. Für mich ist er die exotischste Person, die ich jemals in meinem Leben traf.«

Micheline Roquebrune ist Malerin und spricht mehrere Sprachen fließend, unter anderem Arabisch. Sie wurde in Nizza geboren, ist in Nordafrika groß geworden, wuchs sehr behütet in einer wohlhabenden Familie in Tunis auf und besuchte dort die französische Schule. Was sie an Connery vom ersten Augenblick an anziehend fand, war dessen unabhängiger Geist – der aus seinen Augen strahlt: »Sie haben ihr eigenes Leben.« Und sein jungenhaftes Lächeln, das urplötzlich hervorbricht.

Connery fand es aufregend, dass sie aus einer anderen Welt kam, James Bond gar nicht kannte. Als sie dann erstmals eine Filmpremiere erlebte, war sie von dem Rummel beeindruckt: »Sie behandeln ihn wie einen König.«

Eines Tages erhielt Connery dann den Anruf seines alten Freundes Sidney Lumet, mit dem er den Film *Ein Haufen toller Hunde* gedreht hatte. Lumet fragte ihn, ob er in einem Gangsterfilm mitspielen wolle. Connery sagte ohne zu zögern zu.

In *Der Anderson-Clan* (*The Anderson Tapes*, 1971) steht der Ex-James-Bond als kruder Einbrecher-König John »Duke« Anderson, der eben aus dem Knast entlassen wurde und schon wieder ein großes Ding am Laufen hat, auf der anderen Seite des Gesetzes. Der Film wurde im Sommer 1970 in atemlosen sechs Wochen on location in New York abgedreht. Er war sicher kein Meisterwerk, brachte Sean Connery aber wieder nach oben in die berühmt-berüchtigten Top Ten.

Die Gangsterstory griff ein damals aktuelles Thema auf, die Problematik der totalen Überwachungs- und Abhör-Maschinerie

Der Anderson-Clan

des Staatsapparates. Der Film erzählt seine fast groteske Geschichte lakonisch unterkühlt: »Was Anderson und seine Leute zur Strecke bringt, ist nicht die Gewitztheit der Polizisten, die sich eher ziemlich trottelhaft benehmen, sondern die Macht des anonymen technischen Apparates« (Georg Seeßlen). Die Verbrecher haben den Kontakt zu der neuen schrecklichen Wirklichkeit verloren, der Mafia-Unterboss sehnt sich nach der guten alten Zeit zurück, ein Ex-Ganove wird zum Trinker, weil er die Welt nicht mehr versteht, und auch Anderson ist irritiert: Irgendetwas stimmt nicht.

Der Anderson-Clan führte Sean Connery zwar weg von künstlerisch anspruchsvollen Werken und zurück ins Genre des Action- und Unterhaltungsfilms, brachte ihn andererseits aber wieder ins Geschäft. Die Kritik betonte wieder einmal, dass der »rohe Diamant« Connery mit jedem neuen Film heller strahle. »Ein hoch professioneller, spannender, blendend gespielter Action-Thriller«, so der »Observer«. Der Erfolg tat Sean Connery gut, er hatte über Nacht wieder etwas Boden gewonnen.

Bereits seit Mitte der sechziger Jahre hatte **Eine Ehe zerbricht** es in der Ehe zwischen Sean und Diane immer wieder Probleme gegeben. Die Lage war ungemütlich geworden, als Connerys Popularität als James Bond ungeahnte Höhen erreichte. Das Paar besaß kein Privatleben mehr, es wurde von Reportern und Fans auf Schritt und Tritt verfolgt. Das Publikum belagerte sogar Connerys Heim in der Acton High Street. In dem ehemaligen Nonnenkloster gab es eine Bar, ein Musik- und ein Billardzimmer und reichlich Personal. »Doch die Kindermädchen kümmerten sich wenig um mich«, berichtete später Connerys Sohn Jason, »sie waren alle in meinen Vater verliebt.«

Besonders lästig wurden die ständigen Einbrüche in ihr Haus durch jugendliche Banden, wenn die Connerys verreist waren. »Boys rauben James Bond aus«, war eine ständig wiederkehren-

Connery mit
Ehefrau Diane
(links neben
ihm) beim
Empfang
durch Königin
Elizabeth II.

de Schlagzeile der Sensationspresse. Die Einbrecher stahlen
Seans Gewehr und Dianes Trauring, und irgendwann fanden die
beiden heraus, dass die Banditen sich im Haus gegenüber einge-
mietet hatten und so über die Abwesenheit der Connerys bestens
informiert waren. Das Desaster erreichte den Höhepunkt, als die
Ganoven Dianes Mini-Cooper zu stehlen versuchten. Sean ver-
hinderte es in letzter Sekunde, indem er halb nackt aus dem
Haus rannte und die dreisten Diebe verfolgte.

Schließlich mussten die Connerys aufgeben und boten das
Haus zum Verkauf an. Sie zogen in ein viktorianisches Herren-
haus in Putney Heath und wohnten auch häufig in Spanien.

Diane war jedes Mal verärgert, wenn sie als »Mrs. Bond« titu-
liert wurde. Sie verstand sich als eigene Persönlichkeit, hatte in
zahlreichen Filmen mitgespielt und war immerhin für ihre Rolle in *Tom Jones* (1963) für den Oscar nominiert worden. Anfangs
fragte die Boulevardpresse Diane regelmäßig, wie sie mit der Si-

tuation umgehen würde, mit einem großen Frauenverführer verheiratet zu sein. »Mich interessieren all die Flirts nicht«, erklärte sie, »ich erwarte, dass Sean sich klug und diskret verhält. Und wenn es etwas Ernstes gäbe, wäre er der Erste, der mit mir darüber spricht.«

Für die Kinowelt waren Sean und Diane ein Traumpaar. Und sie verstanden es, ihre Spannungen eine Weile unter der Decke zu halten. Erste Risse in ihrer Ehe wurden sichtbar, als Connery 1965 aus dem gemeinsamen Heim auszog und im Londoner Hilton wohnte. Allerdings nur für eine Woche, dann schien die Krise wie durch Zauberei vorüber.

In den späten sechziger Jahren versuchten Regisseure wie Terence Young, Sean und Diane gemeinsam in einem Film auftreten zu lassen, doch dies scheiterte ebenso wie am Ende die Ehe der beiden. Connery hatte sich bereits in Chelsea ein Apartment gekauft, wo er nach der Trennung lebte, nachdem er aus der gemeinsamen Wohnung ausgezogen war. Diane versuchte immer wieder, die Ehe zu retten, willigte dann aber 1973 in die Scheidung ein. Das Paar einigte sich privat hinter verschlossenen Türen, man wusch keine schmutzige Wäsche in der Öffentlichkeit. Diane bekam das Sorgerecht für das Kind.

1997 enthüllte Jason Connery, weshalb er zu seiner Hochzeit weder Sean noch Diane eingeladen hatte: »Ich sagte weder Dad noch Mum etwas von der Heirat, denn sie konnten sich nicht mehr ausstehen.« Diane Cilento heiratete schließlich in dritter Ehe den Dramatiker Anthony Shaffer.

Connerys Rückkehr als James Bond im Jahr **Die Rückkehr**
1971 glich einer Sensation. Die Presse gierte darauf, die Motive für den plötzlichen Gesinnungswandel des Stars zu erfahren. Dieser ertrug den Rummel diesmal mit erstaunlicher Gelassenheit.

Zwei Gründe waren für seinen Entschluss von Bedeutung: die Gage und sein sinkender Marktwert. »Es ist anzunehmen, dass finanzielle Erwägungen etwas mit der Entscheidung zu tun haben«, schrieb der »New Statesman«. Dabei ging es Connery aber nicht um nackte Geldgier, wie ihm manche Boulevardblätter unterstellten. Er spendete sein gesamtes Honorar von eineinviertel Millionen Dollar an den Scottish International Educational Trust. Zudem war er auch prozentual am Einspielergebnis beteiligt. Man kann vermuten, dass dieses Geld für die Abfindung bei einer zu erwartenden Scheidung von Diane eingeplant war.

Darüber hinaus hatte er das Studio verpflichtet, ihm zwei weitere Filme seiner Wahl zu finanzieren, die mit einem Etat von je einer Million Dollar ausgestattet waren. Connery betrachtete das als den besten Deal, der ihm je gelungen war; den Vertrag hatte er mit David Picker von United Artists geschlossen, mit Broccoli und Saltzman wollte er nichts mehr zu tun haben. Im Gegenteil, in einem Interview mit der »Daily Mail« haute er auf den Putz, als er sagte, er hoffe, bald seine eigene Firma zu etablieren, weil er es satt habe, dass »ein paar fette Produzenten sich auf dem Rücken schlanker Schauspieler schadlos halten«. Der Bond-Thriller hieß *Diamantenfieber* und wurde der erwartete Box-Office-Hit.

Connery machte nun seine Ankündigung wahr und gründete eine eigene Produktionsfirma, die Tantallon Films. Er war damit unabhängig, konnte den Stoff, den Regisseur und die gesamte Crew selbst bestimmen. Mit der finanziellen Unterstützung von United Artists drehte er den anspruchsvollen Film *Sein Leben in meiner Gewalt* (*The Offence*, 1972); das zweite Projekt, für das United Artists eine Förderung zugesagt hatte, kam nie zustande.

Sein Leben in meiner Gewalt In dem Film geht es um die Geschichte des Polizei-Sergeants Johnson, eines Fanatikers und Versagers, gespielt von Sean Connery. Nach zwanzig Jahren im Dienst, in denen er Zeuge schrecklicher Untaten wurde, verliert er die Kontrolle über sich und wird selbst zum Täter. Beim Verhör eines mutmaßlichen Kinderschänders stirbt der Mann durch Johnsons brutale Methoden – der Polizist steht nun wegen Totschlags selbst unter Anklage.

Kaum ein anderer Star hätte es riskiert, nach dem erneuten Triumph als 007 eine solche Anti-Rolle zu übernehmen, die sein

Bond-Image geradezu auf den Kopf stellte. Connery spielt diese psychotische Figur wie im Rausch. John Huston gestand später, dass die letzten vierzig Minuten des Films, in denen der Polizist langsam zusammenbricht, zum Besten gehört, was er je auf der Leinwand gesehen habe.

Der Film basierte auf dem Theaterstück *This Story of Yours* von John Hopkins. Es lief, von der Kritik hochgelobt, 1968 am Royal Court Theater in London. Auch in München und anderen deutschen Städten wurde es mit Erfolg gezeigt. Connery engagierte für die filmische Adaption den Autor des Stückes, der wichtige Passagen originalgetreu übernahm, was der Intensität der kammerspielartigen Geschichte zugute kam. Für die Regie holte Connery Sidney Lumet, die weiteren Hauptrollen waren mit großartigen Darstellern besetzt: Trevor Howard, Ian Bannen und Vivien Merchant, einer ausgezeichneten Theaterschauspielerin und Ehefrau von Harold Pinter.

Der Film entstand im Frühjahr 1972 in den Twickenham Studios in London. Ehe es zum ersten Mal »Aufnahme!« hieß, wurden tagelang die Dialoge geprobt, während die Drehzeit dann nur ganze achtundzwanzig Tage beanspruchte. Der Film floppte an der Kinokasse, das Publikum wollte die quälende Geschichte eines Versagers nicht sehen. Erst nach zehn Jahren hatte *Sein Leben in meiner Gewalt* seine Produktionskosten wieder eingespielt.

Connery als Science-Fiction-Held

Obwohl Connery von Science Fiction eigentlich wenig hielt, ließ er sich von John Boorman dazu überreden, in dessen Zukunfts-Thriller *Zardoz* (1974) die Hauptrolle zu übernehmen. Nachdem der Star das Drehbuch gelesen hatte, war er von der Originalität der Story überzeugt. Es ging nicht um glitzernde Raumschiffe, Roboter und laserartige Wunderwaffen, sondern um die (mögliche) Zukunft der Menschheit.

Im 23. Jahrhundert ist die Erde zweigeteilt: Dem Reich der **Zardoz** Barbaren stehen die unsterblichen Bewohner von Vortex gegen-

über. Der Kontakt zwischen beiden Gruppen wird durch einen fliegenden Kopf, die Gottheit Zardoz, aufrechterhalten. In diesen Kopf dringt eines Tages der Barbar Zed (Sean Connery) ein, tötet den Piloten und kommt so nach Vortex. Dort findet er die Menschen degeneriert und zeugungsunfähig vor. Die Frauen sind lesbisch geworden und haben die Macht übernommen, sie kämpfen gegen eine Gruppe von Renegaten – Menschen, die mit der Unsterblichkeit nicht fertig werden.

Zardoz gehört sicher zu den verrücktesten Filmen in Connerys bunter Karriere, prätentiös, exotisch, voll futuristisch-visueller Fantasie. Connery als Barbar Zed, dürftig bekleidet mit einem Lederslip, kniehohen Stiefeln und Patronengurten um den nackten Oberkörper, ein Supermann aus dem Jahr 2293, verbreitet Trouble in einer Welt von Unsterblichen, die sich heimlich nach dem Tod sehnen. Natürlich war das eine Handlung, die dem kindlichen Optimismus des Science-Fiction-Genres widersprach. Der Film nahm Anleihen bei Tolkien, der König-Artus-Saga und dem Filmklassiker *Das zauberhafte Land* (*The Wizzard of Oz*, 1939). »Boormans Hauptthese schien zu lauten: Der Ärger mit der Ewigkeit ist, dass sie einfach zu lange dauert« (Peter Sellers).

Die Fox bewilligte einen zu geringen Etat, um Boormans Visionen adäquat umzusetzen. »Es war wirklich traurig, denn *Zardoz* war ein expansiver Film, der ein großes Budget gebraucht hätte, um sein Ziel zu erreichen«, erinnerte sich der Cutter des Films John Merritt. Gedreht wurde in Irland, die Mittel waren so knapp, dass man den Statisten rote Stiefel an die Beine malte, um das Geld für richtige Schuhe zu sparen. Doch John Boorman war begeistert von seinem Star: »Sean Connery ist ein hochintelligenter Schauspieler ... Er hat etwas Mystisches an sich, das nur darauf wartet, an die Oberfläche zu kommen.«

Die Kritik hatte Probleme mit dem schwer zugänglichen Film, der mit ungewöhnlichen Stilmitteln experimentierte: Spiegelungen, schrillen Farben und schrägen Projektionen. »Glitzernder Kulturtrash, herrlich albern«, schrieb damals der »New Yorker«. Dagegen kam der Film in dem fanorientierten Magazin

Linke Seite:
Mit Charlotte Rampling in »Zardoz«

»Munich Round up« wesentlich besser weg: »*Zardoz* gehört sicherlich zu jenen erfreulicherweise häufiger werdenden SF-Fil-
men, die ihr Thema ernst nehmen.« Unter den Liebhabern des
Genres avancierte *Zardos* inzwischen zum Kultfilm.

Der nächste Film *Die Uhr läuft ab* (*Ransom*, 1974) entstand
hoch oben im Norden auf dem nebligen Airport von Oslo. Der
Thriller um Luftpiraten und eine Entführung wurde ein Routine-
Krimi, den niemand mochte und der schnell wieder von der Bildfläche verschwand, nachdem er im Frühjahr 1975 in die Kinos
gekommen war.

Im März 1974 bereitete Sidney Lumet die Verfilmung des
Agatha-Christie-Krimis »Mord im Orient-Express« vor. Vierzig
Jahre nach Erscheinen ihres Romans ließ sich die Autorin dazu
überreden, die Filmrechte zu verkaufen. Der Orient-Express war
das luxuriöseste Verkehrsmittel seiner Zeit, er verkehrte seit
1883 zwischen Istanbul, Paris und Calais. Lumet bot Connery

eine Rolle in *Mord im Orient-Express* (*Murder on the Orient Express*, 1974) an, die der Star gern annahm.

Da die Handlung ausschließlich in dem berühmten Zug spielt und dieser auch noch irgendwo auf dem Balkan im Schnee stecken bleibt, fürchtete Lumet eine statische Situation, die er dadurch zu kompensieren gedachte, dass er einen Haufen Weltstars für den Film verpflichtete. Mit im Orient-Express reisten deshalb Lauren Bacall, Martin Balsam, Ingrid Bergman, Sir John Gielgud, Jacqueline Bisset, Jean-Pierre Cassel, Anthony Perkins, Vanessa Redgrave, Richard Widmark und Michael York. Nachdem Connery als einer der üblichen Verdächtigen seine Mitwirkung an diesem Mordfall bestätigt hatte, war auch Albert Finnay bereit, den berühmten Schnüffler Hercule Poirot zu mimen.

Sidney Lumet hielt sich streng an den Drehplan; damit kostete der Film genau die kalkulierten eineinhalb Millionen Dollar, spielte aber allein in den USA in kurzer Zeit neunzehn Millionen Dollar ein. Die Verfilmung blieb allerdings hinter ihrer eigenen Vorlage zurück.

Mord im Orient-Express

Connery wandert aus

Wenn du in Hollywood ankommst und
über Dostojewski reden kannst und
dabei aussiehst wie ein Lastwagenfahrer,
bist du ein gemachter Mann.

ROBERT HENDERSON

Sean Connerys Lebensschiff war Mitte der **Spanisches Leben**
siebziger Jahre ins Schlingern geraten –
man kann sogar von einer Krise existenzieller Art sprechen. Die
Bewältigung des Dilemmas führte zu einer grundsätzlichen
Neuorientierung seines Lebens. Bereits 1973 war die Scheidung
von seiner ersten Ehefrau Diane erfolgt, was ihn teuer zu stehen
kam. Connery hatte schon 1969 die Künstlerin Micheline Roquebrune kennen gelernt, die damals mit ihrem Mann und zwei
Söhnen in Frankreich lebte. »Ich glaube«, sagte Micheline später, »es war Liebe auf den ersten Blick.« Es dauerte aber eine
Weile, bis sie sich näher kamen.

Ein größeres Problem stellte im Jahr 1974 Harold Wilsons
Labour-Regierung mit ihrem radikalen Finanzminister Denis
Healy dar. Er versprach dem »Mann auf der Straße« – wer im-
mer das ist –, »die Reichen« ordentlich zur Kasse zu bitten.
Die Steuer kassierte bei einem erfolgreichen Filmstar wie Sean
Connery von hunderttausend Pfund im Höchstfall dreiund-
neunzig Prozent; verständlich, dass dies von manchen gut ver- *Linke Seite:*
dienenden Zeitgenossen für sittenwidrig gehalten wurde. *Connery als*

»Solange man in London lebt, wird man nie Millionär. Das ist *Berberfürst*
schlicht unmöglich«, meinte Richard Burton und wanderte in *El Raisuli*
die Schweiz aus. Labour hatte durch seine Steuerpolitik schon *mit Candice*
den erfolgreichen Dramatiker Noel Coward außer Landes getrie- *Bergen*
ben, andere wie Michael Caine, der nach Hollywood ging, oder *in »Der Wind*
der Rennfahrer James Hunt sollten folgen. *und der*
Löwe«

Es war klar, dass sich auch der Schotte Connery, dem man unsoziales Verhalten nun wahrlich nicht nachsagen konnte, durch Mister Healy nicht schröpfen lassen wollte. Der Star verkaufte seine Wohnung in Chelsea, löste alle Geschäftsbeteiligungen in England mit Ausnahme seiner schottischen Stiftung auf und ging ins Exil. Er erwarb ein Grundstück in Monaco, wo er sich aus steuerlichen Gründen registrieren ließ, und kaufte gleichzeitig eine Villa im spanischen Marbella. Dort lebte er von nun an mit Micheline und ihrem jüngsten Sohn.

Umbruch Connery hatte nach seinem Rückzug aus den James-Bond-Filmen ein Image-Problem. Zwar hatte er der Branche bewiesen, dass er ein guter Schauspieler war, doch nach einer Reihe mäßiger Filme war er in Gefahr, seinen Starstatus zu verlieren.

Die Filmlandschaft befand sich Mitte der siebziger Jahre im Umbruch. Neue Themen, ein neues Lebensgefühl und neue Gesichter aus Hollywood wie Jack Nicholson *(Chinatown)*, Robert Redford *(Sundance Kid)* und andere, die bald in aller Munde waren, dominierten den Filmzirkus. Für Sean Connery eine kritische Situation, denn er zählte schon fast zum »alten Eisen«. Es bestand durchaus die Gefahr, als leuchtender Stern am Kinohimmel zu erlöschen, über Nacht in Vergessenheit zu geraten. Doch mit seinen folgenden Projekten kehrte das Glück und damit auch der Erfolg zurück. Vermutlich war er auch gründlicher bei der Auswahl der Stoffe, denn er lehnte nun häufig auch Drehbücher ab. Connerys Abschied von England leitete eine neue Phase seiner Laufbahn ein, er verabschiedete sich damit auch vom britischen Film und orientierte sich nun an Hollywood.

Historienfilme Der erste Hollywood-Film, in dem Connery nach seinem Umzug nach Spanien auftrat, hieß *Der Wind und der Löwe (The Wind and the Lion,* 1975). Es war eins von mehreren Historiendramen, in denen er nun zu sehen war, ein Genre, dessen Geschichten und Figuren ihm offensichtlich lagen.

Der Film, der auf ein wirkliches Ereignis zurückgeht, hat eine verwickelte Vorgeschichte. Das Script zu *Der Wind und der Löwe* hatte John Milius sieben Jahre lang in Hollywood angeboten wie Sauerbier, doch niemand hatte es haben wollen. Dann war er durch das Drehbuch zu *Jeremiah Johnson* (1972) mit Robert Redford und eigene Regiearbeiten bekannt geworden und konnte das Projekt nun doch verwirklichen. Das Studio bewilligte einen Etat von vier Millionen Dollar, gedreht wurde im Herbst 1974 in den spanischen Städten Madrid, Almeria, Sevilla und in dem Naturschutzgebiet Coto de Donana, Orte, die dem schottischen Exilanten entgegenkamen.

Connery spielt in diesem Film den Berberhäuptling El Raisuli, der eine junge amerikanische Witwe (Candice Bergen) kidnappt, was gesellschaftliche Komplikationen nach sich zieht. Die Dame verliebt sich in ihren Entführer in diesem bunten Wüstenabenteuer, einer Geschichte wie ein Märchen aus Tausendundeiner Nacht, die ganz ohne Blutvergießen endet.

Connery war in dieser exotischen Rolle als arabischer Fürst mit Turban, eisgrauem Bart und Krummsäbel kaum wieder zu erkennen; er kniet täglich gen Mekka, und wenn er das Morgengebet verpasst, betet er dafür nachmittags zweimal: »Allah versteht alles.«

Der Star gab zu, dass er zuvor wenig über den Islam wusste und durch diesen Film viel gelernt habe. Nach seiner Rolle als Raisuli ging es mit der Karriere des Ex-Bond wieder aufwärts, das Publikum akzeptierte langsam, dass er den Smoking nun abgelegt hatte. Candice Bergen machte es Spaß, mit Connery zu arbeiten: »Für mich wird er immer der große Raisuli sein, Lord von Er-Rif, der einzige schottische Berber.«

John Milius galt als einer der Exponenten eines neuen Machismo in Hollywood, er schrieb später für Francis Ford Coppola das Drehbuch zu *Apocalypse Now* (1976–1979). Für Connery war es die erste Begegnung mit einem der neuen Macher des amerikanischen Films. »Milius ist ein exzellenter Autor«, sagte Connery später in einem Interview, »besonders was heroische Stoffe angeht. Er ist wild darauf, Hemingway oder einen Samurai zu markieren. Mit seinen Ideen als Autor ist er wunderbar.«

Die Weltpremiere fand im Mai 1975 in der Radio City Music Hall in New York statt. Connery holte sich mit diesem Film, der auch finanziell ein beachtlicher Erfolg wurde, etwas von seiner schwindenden Popularität zurück.

**Der Mann,
der König
sein wollte** Ebenfalls 1975 entstand *Der Mann, der König sein wollte (The Man Who Would Be King)*, zu dem Regisseur John Huston das Drehbuch schon vor vielen Jahren nach einer Kurzgeschichte von Rudyard Kipling geschrieben hatte. Eine Reihe von Stars war für diesen Film vorgesehen, nach Bogart und Gable zuletzt Paul Newman und Robert Redford. »Ein tolles Drehbuch, aber ich glaube nicht, dass es zu mir passt. Ich finde, die beiden Rollen sollten von Engländern gespielt werden«, meinte Newman, und so schlüpften Sean Connery und Michael Caine in die Rollen der beiden kauzigen Deserteure der viktorianischen Indienarmee, die von dem Wahn besessen sind, ein märchenhaftes Reich zu gründen.

In diesem wunderbar altmodischen Abenteuer machen sich die Helden auf den Weg durch die Wüste nach Kafiristan, erreichen den sagenhaften Palast von Sikandergul und überzeugen die Eingeborenen mit klassischem britischem Hochmut davon, dass der von Connery gespielte Daniel Dravot ein Gott sei: Das bringt beiden Kameraden Ruhm und Reichtum ein, führt zugleich aber zu grotesken Verwicklungen und einem bösen Ende.

Den Freunden Connery und Caine bereitete es riesiges Vergnügen, endlich einmal zusammen zu drehen. Sie feilten an ihren Dialogen, perfektionierten das Timing und gaben ein grandioses Duo ab. John Huston: »Es war wie bei einer hochkarätigen Vaudeville-Vorstellung. Alles genau aufs Stichwort – ich brauchte nur zu entscheiden, wie ich das Ganze am besten filmen wollte.«

Die Dreharbeiten begannen im Januar 1975, gedreht wurde in Marokko anstatt in Indien. Es gab alle möglichen Komplikationen bei der Entstehung des Films. Michael Caine bekam Panikanfälle, wenn er ein Kamel nur von weitem sah. Sean Connery hatte Riesenglück, dass ihm bei einer Stuntszene nicht die Hoden abgerissen wurden, als auf einem Pferderücken zwischen seinen Beinen Kabel falsch gelegt worden waren. Der Arzt der Crew meinte hinterher: »Das war haarscharf, und Connery wusste es. Er verließ sofort das Set und ging ins Hotel.« Als Statisten engagierte man Hunderte von Berbern aus dem Atlasgebirge, die kein Wort Englisch sprachen. Sie gewöhnten sich aber allzu schnell an Hotels, Fernsehen und westliches Leben und wollten nach den Dreharbeiten nicht mehr in ihre Berge heimkehren.

Die Kritiken überschlugen sich vor Begeisterung. Das Werk wurde als John Hustons bester Film seit *African Queen* (1951) gefeiert. Die gefürchtete New Yorker Kritikerin Pauline Kael schrieb: »Mit der ruhmreichen Ausnahme von Marlon Brando und Laurence Olivier gibt es keinen Filmschauspieler, den ich lieber sehe als Sean Connery. Seine Vitalität macht ihn zum härtesten Mann unter den englischsprachigen Schauspielern.« Und die »Daily Mail«: »Connery wird immer erstaunlicher. Mit jedem Film gewinnt er an Statur, lässt er die James-Bond-Verkleidung vergessen, um ein feiner Charakterdarsteller zu werden.«

Das Magazin »Time« setzte *Der Mann, der König sein wollte* und Connerys vorherigen Film, *Der Wind und der Löwe,* auf die Liste der zehn besten Filme des Jahrzehnts.

Die Hochzeit zwischen Sean Connery und **Micheline Roquebrune**
Micheline Roquebrune am 6. Mai 1975
fand wieder heimlich in Gibraltar statt, die anschließenden Flitterwochen verbrachte das Paar in Casablanca. Die Neuigkeit konnte wochenlang geheim gehalten werden. Connery drohte dem einzigen Fotografen, der anwesend war: »Wenn du die Bilder an die Zeitung verkaufst, reiß ich dir den Kopf ab.«

Micheline ist eine lebensbejahende, begeisterungsfähige Frau. Sie lebte von Beginn an mit Connery in seinem spanischen Besitz nahe Marbella, in der Villa in San Pedro de Alcantara. Die

Hacienda ist gemütlich mit einer Menge Antiquitäten einge-
richtet, es gibt spanische Möbel, Marmor, und zahlreiche von
Micheline gemalte Bilder, hellhäutige, farbige und exotische
Frauen im Stil von Gauguin. Auf der Empore hängt ein großes
Bild, das Sean mit seinem Sohn Jason zeigt. Der riesige Kamin
ist vollständig vergoldet und wiegt mehrere Zentner.

Mehr als jeder andere Mensch brachte Micheline in den letzten
fünfundzwanzig Jahren Klarheit und Stabilität in Connerys Leben. »Alles bei Sean verlief dramatisch. Mein erster Job war es,
ihn zu beruhigen. Es war, wie einen Knoten zu entwirren. Sean
war und ist noch immer ein sehr emotionaler Mensch.« Sie
durchschaute auch schnell die Schmarotzer, die sich an ihn he-
ranmachten, um ihn auszunutzen.

Einer davon war sein Finanzberater Kenneth Richards, der seit
Jahren seine Geschäfte betreute. Er bezog ein Gehalt von viertau-
send Pfund plus ein Prozent von Connerys Einnahmen, als Ver-
trauensbeweis erhöhte der Star diesen Betrag später auf zwölf-
tausend Pfund plus zwei Prozent. Micheline fiel zuerst ein ganz

banales Detail auf; eine Waschmaschine aus Connerys Wohnung in Chelsea war verkauft worden, tauchte aber nirgends in den Abrechnungen auf. Micheline überprüfte nun sämtliche Unterlagen über die Transaktionen des Beraters, und dabei kam heraus, dass Millionenbeträge verspekuliert worden waren. Connery entließ Richards, man sah sich vor Gericht wieder. Von nun an kümmerte sich der Star selbst um seine Finanzen.

Micheline ließ sich auch auf dem Set sehen und machte Wirbel, wenn die Dinge nicht waren, wie sie sein sollten. Sie führte nach den konfliktreichen Zeiten mit Diane die Familie wieder enger zusammen, erzählte Jason. Sie verfügt über Organisationstalent und eine Portion Humor, und sie verstand es, das Heim wieder gemütlich zu machen: »Sean ist sehr müde, wenn er vom Set kommt.« Und wenn Connery mürrisch ankam, sagte sie in ihrem holprigen Englisch zu ihm: »Sei genauso nett zu mir wie zu deinem Produzenten.«

Obwohl Connery kein Partymensch ist, hat sie für ihn ein großes Fest zu seinem sechzigsten Geburtstag in Hollywood arrangiert, und es wurde ein Riesenerfolg; Gäste waren unter anderen Steven Spielberg, Clint Eastwood, Liza Minelli und Harrison Ford.

Micheline ist impulsiver und romantischer als Sean. Ihr Lieblingsfilm mit Connery ist *Sein Leben in meiner Gewalt* aus dem Jahr 1972, in dem er einen Versager spielt, der die Kontrolle über sich verliert. Seans Outfit gefällt ihr am besten in *Der Wind und der Löwe* als Berberfürst El Raisuli.

Zu dem Film *Der Mann, der König sein woll-* **Connery geht vor Gericht**
te, gab es einen gerichtlichen Abspann.
In den siebziger Jahren wurden Filme nicht mehr ausschließlich von einem Studio finanziert, man schnürte stattdessen »Packages«. Damit kamen verschiedene Geldgeber wie Verleiher, Banken, Abschreibungsgesellschaften für einen bestimmten Prozentsatz der Finanzierung auf und strichen dafür den

gleichen Prozentsatz an Profit ein. Gleichzeitig wurde der Posten Sonderkosten eingeführt für Material, Beleuchtung, Studioausrüstung und ähnliche Dinge. Das unübersichtliche und für den Laien schwer durchschaubare System diente dem Zweck, Gewinne zu verschleiern.

Der Mann, der König sein wollte wurde von dem Studio Allied Artists produziert. Connery und Caine sollten laut Vertrag neben ihrer Gage je fünf Prozent Gewinnbeteiligung erhalten. Nach Auffassung der beiden Stars wäre ein Anteil von je vierhundertzehntausend Dollar Gewinnbeteiligung für jeden der beiden fällig geworden. Es gingen bei ihnen aber nur dreihunderteintausend Dollar pro Person ein.

Die meisten Stars scheuten sich, gegen Filmgesellschaften zu klagen, weil sie befürchteten, damit als »schwierig« oder als »Unruhestifter« abgestempelt zu werden – nicht so Connery. Er ging gegen das Studio vor Gericht, Allied Artists konterte mit einer Gegenklage über einundzwanzig Millionen Dollar wegen Verleumdung, doch Sean Connery blieb unbeeindruckt – und gewann den Prozess: »Ich habe in meinem ganzen Leben noch keinen Menschen betrogen und sehe nicht ein, weshalb sich Leute wie ich, die wirklich hart arbeiten, bestehlen, betrügen und übers Ohr hauen lassen sollen.« Allied Artists ging nach dem Prozess in Konkurs.

Connerys Mut, sich von den Mächtigen in Hollywood nicht für dumm verkaufen zu lassen, führte dazu, dass weitere Stars wie Blake Edwards, Dustin Hoffman, James Garner, Joan Collins und andere seinem Beispiel folgten. Die Prozessfreudigkeit des Schotten gilt in Hollywood als sprichwörtlich. Angeblich hat er mit einer Ausnahme schon jedes Studio in Hollywood verklagt.

Robin Hood und andere Helden Mitte der siebziger Jahre drückte Connery einer Reihe von Filmen seinen Stempel auf, die zum Besten gehören, was man von ihm gesehen hat. Die Rollen in diesen Filmen könnten unterschiedlicher nicht sein; er gibt nun gebrochene, fast todessüchtige Helden, den Polizisten als Verlierer, den altersweisen Mönch oder den Ganoven als Schalk, der es faustdick hinter den Ohren hat. Alle diese Figuren demonstrieren die Bandbreite des Akteurs Sean Connery, den glänzenden Menschendarsteller.

Die beiden Historien-Epen hatten den Star erschöpft, er fühlte sich müde und ausgelaugt. Connery freute sich schon auf einen Urlaub mit der Familie, da erreichte ihn ein Angebot, das er unmöglich ablehnen konnte – die Chance, Robin Hood zu spielen:

»Er wurde, aller Wahrscheinlichkeit nach, 1160 zu Locksley in **Robin und** Nottingham geboren. Auf seinem Grabstein ... wird er Graf von **Marian** Huntington genannt, unter Hinzufügung, dass sein populärer Name Robin Hood gewesen sei.« So berichtet es 1795 J. Ritsons, Herausgeber sämtlicher Robin-Hood-Balladen. Mehr spricht dafür, dass »Huntington« nichts weiter als ein Spitzname für »Jäger« war. Denn bis heute konnte nicht mit letzter Sicherheit erforscht werden, wer hinter dem Mann steckte und ob er wirklich gelebt hat. Eine andere Quelle, die die Figur etymologisch abzuleiten versucht, vermutet, dass sein Name auf einen Waldkobold zurückgeht, der in der englischen Folklore des Mittelalters breiten Raum einnahm. Balladen des frühen 14. Jahrhunderts schildern ihn als Anführer einer Schar wilder Gesellen, die im Sherwood Forest reiche weltliche und geistliche Herren ausraubte, um deren Überfluss unter die Armen zu verteilen.

Als Sean Connery das Angebot von Richard Lester erhielt, war die Geschichte von Robin Hood bereits dreißigmal verfilmt worden, erstmals 1909 in England. Und als Douglas Fairbanks 1922 seinen *Robin Hood* herausbrachte, war dies bereits die sechste Leinwandversion. Sie wurde zum Vorbild für alle danach folgenden Ritterfilme. Berühmtheit erlangte *Robin Hood, der König der Vagabunden* (*The Adventures of Robin Hood,* 1938) mit Errol Flynn, ein rasantes Mantel-und-Degen-Abenteuer, das ebenfalls der Tradition folgte. In allen Filmen war Robin Hood ein kühner jugendlicher Held, ein Teufelskerl, der die Sterne vom Himmel holt – so hat ihn das klassische Kino überliefert.

Beatles-Regisseur Richard Lester plante eine originelle Version der Ballade vom Rächer der Enterbten, die den Mythos auf den Kopf stellte. Der Film hieß *Robin und Marian* (*Robin and Marian,* 1975). Diesmal begegnet uns die legendäre Gestalt, dem Zeitgeist entsprechend, als gealterter Held ohne Illusionen. Das Haar schon schütter, mit eisgrauem Bart kehrt Robin mit seinem treuen Gefährten Little John von einem Kreuzzug in den Sherwood Forest zurück. Die Gesellen von einst leben nicht mehr, seine Geliebte Maid Marian ist inzwischen ins Kloster gegangen, »hat ihn mit Jesus betrogen«.

Es muss Richard Lester und seinem Drehbuchautor James Goldman diebisches Vergnügen bereitet haben, die bekannten Charaktere gegen den Strich zu inszenieren, ihnen ein gegen-

Endkampf der Giganten: Robin Hood gegen den Sheriff von Nottingham (Robert Shaw) in »Robin und Marian«

teiliges Image zu verpassen. So ist der Sheriff von Nottingham, gewöhnlich der finstere, bösartige Vertreter der Staatsmacht, diesmal ein listiger Fuchs, eine Rolle, die üblicherweise Robin Hood spielt. Mit Sinn für Ironie erkennt der Sheriff: »Robin ist ein bisschen in den Tod verliebt.« König Richard Löwenherz, dem Robin Hood seit den Kreuzzügen treu diente und für den er immer wieder sein Leben riskierte, ist ein Narr geworden, ein debiler Trottel. Ohne Grund hält er Robin plötzlich für einen »Bauernlümmel«, den er töten muss, doch ehe es dazu kommt, stirbt Löwenherz. Maid Marian, stets feurige Geliebte des Helden, die ihm durch dick und dünn folgte, hat sich im Kloster in eine entrückte, allem Weltlichen abgewandte Frau verwandelt, die beim Wiedersehen zu Robin sagt: »Ich weiß, dass ich dich geliebt habe, aber ich kann mich an das Gefühl nicht mehr erinnern.«

Die Story des Films beginnt lange nach den bekannten Ereignissen: Robin Hood glaubt, nach »achtzehn verschwendeten Jahren«, die er als »Laufbursche eines Narren« verbracht hat, nach England zurückkehren zu müssen. Er stolpert mit Little John durch die Wälder, findet kaum noch den Weg. Robin holt Marian, die sich nur langsam für ihn erwärmt, aus dem Kloster. Eigentlich wollte sie lieber Nonne bleiben. Der Sheriff von Nottingham stellt Robin eine Falle: Er entführt drei Klosterfrauen in der richtigen Annahme, dass Robin in die Stadt kommen und sie befreien wird. Als fliegender Händler getarnt, dringt er durch das Stadttor ein und lässt ächzend und unter Mithilfe von Little John ein paar Vasallen des Sheriffs über die Klinge springen.

Obwohl ihn Maid Marian zu einem friedlichen Leben zu überreden versucht, erwacht in Robin der alte Kampfgeist, muss er doch wieder in die Rolle des »Rächers der Enterbten« schlüpfen. Er mobilisiert noch einmal die Ärmsten und die Bauern. Des Sheriffs Mannen rücken in schweren Ritterrüstungen gegen die Waldmenschen vor, er selbst schabt sich den Bart mit dem Schwert. Im Showdown kämpfen die beiden Todfeinde Robin und der Sheriff, stellvertretend für ihre Truppen, gegeneinander auf freiem Feld. Mit Schwertern und Äxten schlagen sie lange aufeinander ein, mal in Großaufnahme, mal in der Totalen. Doch am nächsten Morgen zeigt sich, dass alles vergebens war – Maid Marian vergiftet ihren Helden und dann sich selbst, sie hat genug vom Schlagen und Töten.

Nicht zuletzt dieser ungewöhnliche Schluss war verantwortlich für das mäßige Einspielergebnis des Films. Das Publikum mochte keinen Helden, der den Kampf zwar gewinnt, aber dann von der Geliebten in den Tod geschickt wird. Der Zuschauer, speziell der amerikanische, erwartete Robin Hood als wilden Musketier, nicht als melancholischen Helden. Auch von der katholischen Kirche hagelte es Proteste gegen Maid Marian: eine Nonne, die Selbstmord beging, war untragbar.

Zwei Gründe gab es für Connery, in diesen Film einzusteigen: einmal das ungewöhnliche Drehbuch und dann die Tatsache, dass Maid Marian von der großartigen Audrey Hepburn gespielt wurde, die nach achtjähriger Pause wieder auf die Leinwand zurückkehrte. Aus steuerlichen Gründen und auch wegen des unsicheren englischen Wetters war der Film im Sommer 1974 in Nordspanien im Baskenland gedreht worden.

Als *Robin und Marian* 1976 in die Kinos kam, lobte die Kritik den Film, nannte Connery den »besten britischen Schauspieler des Jahrzehnts«. »The Village Voice« bezeichnete das Werk als »das ergreifendste Erlebnis der letzten Jahre für den Kinogänger«. »Films in Review« urteilte: »Richard Lesters Film gewinnt, obwohl das Drehbuch manchmal witzig, geistreich und manchmal langweilig ist, vor allem durch die wunderbare schauspielerische Leistung von Connery, der als graubärtiger, fast glatzköpfiger Robin überzeugend ist.«

Ehe Sean Connery dann in dem Zweiten-Weltkriegs-Drama *Die Brücke von Arnheim* mitwirkte – das ein reales Ereignis zu einem grandiosen Filmepos verarbeitete –, spielte er in dem Polit-Thriller *Öl* (*The Next Man*, 1976) mit. Der Film protzte mit exklusiven Schauplätzen wie London, New York, Nassau, Marokko, Nizza und München, verbreitete sonst aber Langeweile pur. Connery in der Rolle des saudi-arabischen Botschafters soll von einer schönen Frau (Cornelia Sharpe), die ihre Opfer vor der Tat noch verführt, getötet werden. Der Film verschwand schnell aus den Kinos, weder Kritiker noch Zuschauer mochten ihn.

In der Schlussphase des Zweiten Weltkriegs **Kriegs- und** planten die Alliierten-Generäle Eisenhower **Revolutionsstücke** und Montgomery, den Krieg dadurch abzu- kürzen, dass sie Fallschirmjäger in Holland landen ließen, um den Westwall zu umgehen. Fünf Brücken mussten gesprengt werden, doch bei der letzten ging alles schief. Das Unternehmen scheiterte, weil strategische Fehler gemacht wurden. Das Desaster von Arnheim ging als Kriegskatastrophe in die Geschichte ein. Der nach diesen Ereignissen entstandene Mammutfilm *Die Brü-* **Die Brücke** *cke von Arnheim* (*A Bridge too Far,* 1977) wurde eines der größten **von Arnheim** Kriegsspektakel aller Zeiten. Connery hatte den Roman von Cornelius Ryan, auf dem der Film basierte, gelesen und mochte ihn nicht besonders. Deshalb sagte er auch zweimal seine Mitwirkung ab, doch Regisseur Richard Attenborough ließ nicht locker. Schließlich war Connery doch bereit, den sturen schottischen General Urquart zu spielen.

Der Film versammelte ein Großaufgebot an berühmten Stars. Auf Connery folgten für die britische Luftwaffe Dirk Bogarde, Edward Fox, Anthony Hopkins und Laurence Olivier, die US-Armee wurde getragen durch James Caan, Gene Hackman, Ryan O'Neal und Robert Redford, auf deutscher Seite kämpften Hardy Krüger, Maximilian Schell und die Schwedin Liv Ullman. Als der Regisseur zufällig Michael Caine traf, beklagte sich dieser: »Jeder spielt in diesem verdammten Film mit, nur ich nicht!« Darauf erhielt auch Caine eine Rolle.

Als Connery eines Tages aus der Zeitung erfuhr, dass Robert Redford für den Film eine Gage von zwei Millionen zugesagt worden war, während er, obwohl er eine der Hauptrollen spielte, nur dreihundertfünfzigtausend Dollar bekommen sollte, beschwerte er sich. »Wir mussten Redford so viel bezahlen, sein

Agent hat nicht nachgegeben«, kommentierte das Studio und erhöhte Connerys Gage immerhin um fünfzig Prozent.

Das Kriegsdrama wurde zwischen April und Oktober 1976 in Holland an den Originalschauplätzen gedreht, wobei ein Teil der Bevölkerung des Ortes Deventer und dreitausend Mann der niederländischen Armee als Statisterie mitwirkten. Zu lösen waren logistische Probleme bei der Beschaffung des umfänglichen, möglichst originalgetreuen Kriegsgerätes.

Der Film war an der Kinokasse recht erfolgreich. Und er gewann vier englische Academy Awards, für den besten Ton, die beste Filmmusik und die beste Kamera; Edward Fox wurde als bester Nebendarsteller ausgezeichnet. Besonders die britische Presse geizte nicht mit Lob. »Filmepen über den Zweiten Weltkrieg werden von nun an immer an der *Brücke von Arnheim* gemessen«, kommentierte der »Playboy«.

Sean Connery fand Gelegenheit, seine zweite Frau Micheline, seinen Sohn Jason und den Stiefsohn Stefan zu einem Besuch in Fountainbridge mitzunehmen. Für Micheline war es die erste Reise an die Geburtsstätte ihres Ehemannes. Der Wohnblock wurde kurz danach abgerissen. Zu diesem Zeitpunkt lebte der Vater des Schauspielers nicht mehr, aber Connery hatte die Eltern 1966 überreden können, in einen schönen Vorort von Edinburgh umzuziehen.

Der erste große Eisenbahnraub

Für den folgenden Film, der ebenfalls auf einem wahren Ereignis basierte, waren umfangreiche historische Rekonstruktionen zu leisten, ehe mit den Dreharbeiten begonnen werden konnte. Er schildert den Überfall auf den Folkstone Express, der im Jahr 1855 von London nach Russland fuhr, um Goldbarren zur Versorgung der Truppen im Krimkrieg zu transportieren. Erfolgsautor Michael Crichton hatte diesen Vorfall zu einem Bestseller verarbeitet, und nun ging er daran, die Geschichte in eigener Regie zu verfilmen. Connerys Vorschläge für Dialoge und Szenenfolge verbesserten das Drehbuch wesentlich.

In *Der erste große Eisenbahnraub* (*The First Great Train Robbery*, 1978) verkörpert Connery den Gentleman-Ganoven Edward, der mit seinem Kumpan Agar (Donald Sutherland) das Kunststück fertig bringt, das Gold auf trickreiche Weise aus dem Zug zu rauben. Mit von der Partie ist außerdem das Flittchen Miriam (Lesley-Anne Down), das im entscheidenden Augenblick seine Reize einsetzt.

Der Film beginnt imposant im Stil eines Dokumentarfilms: Die Bilder in Ockertönen erinnern an alte Fotoalben, in denen das viktorianische England wieder auflebt. London noch ländlich, die Damen in ausladenden Reifröcken, die Herren elegant mit Zylinder, Backen- und Vollbart. Doch es ist eine Szenerie nicht ohne Grausamkeiten – ein Terrier beißt Ratten tot, und die Masse wohnt einer Hinrichtung am Galgen bei.

Da das Gold mehrfach gesichert ist, müssen vier Schlüssel per Wachsabdruck kopiert werden, ehe der große Coup gestartet werden kann. Dann wird der Safeknacker Agar als angeblicher Toter in einem Sarg in den Waggon eingeschleust, Miriam lenkt den liebestollen Bankdirektor ab, und Edward besorgt den Raub nach einer halsbrecherischen Klettertour auf dem Dach des Zuges. Die Ganoven kommen am Ende ungeschoren davon.

Der erste große Eisenbahnraub ist eine burleske Krimikomödie mit vergnüglichen Slapstick-Einlagen. Elegant gekleidet, mit Zylinder und Stehkragen, konnte Connery hier sein Talent als Komiker und Filou unter Beweis stellen. Die Sequenz auf dem Dach des Zuges erinnerte stark an eine Passage aus dem Jean-Pierre-Melville-Krimi *Der Chef* (*Un flic*, 1972), in dem Richard Crenna auf dem Nachtexpress Paris – Lissabon herumturnt, um Rauschgift zu entwenden. Bei Michael Crichton war für die Szene eigentlich ein Stuntman vorgesehen, doch Connery wollte sie unbedingt selbst ausführen. Erst hinterher erfuhr er, dass die Eisenbahn während des Drehs viel zu schnell gefahren war.

Aus steuerlichen Gründen durfte Connery nicht in England arbeiten, deshalb entstanden dort nur wenige Szenen. Fast der gesamte Film wurde in den irischen National-Studios gedreht, in der Nähe des Provinzbahnhofs Mulingar.

Das englische Publikum fand den Film originell, denn er erinnerte an den berühmten Bankraub durch Ronald Biggs im Jahr 1963, der damals die Welt bewegt hatte. Connery war allerdings stinkwütend auf United Artists, weil man in den USA auf Promotion und Werbung weitgehend verzichtet hatte. Der Star argumentierte, dass ihm das Studio mehr Engagement schuldete – immerhin hatte er der Firma als James Bond viele Millionen in die Kassen gespült.

Meteor Der folgende Science-Fiction-Film *Meteor* (1979) basiert auf einer Kurzgeschichte von Isaac Asimov. Ein Team von Wissenschaftlern soll verhindern, dass ein riesiger Meteor aus dem Weltall auf der Erde einschlägt; sie versuchen das Problem zu lösen, indem sie ihn mit einer Atombombe beschießen. Doch Brocken des Meteoriten fallen auf die Schweiz und New York, und der Hudson River tritt über die Ufer.

Obwohl der Streifen mit Stars wie Henry Fonda, Trevor Howard, Natalie Wood und Karl Malden besetzt war, stürzte *Meteor* ab wie ein Stein, von der Kritik vernichtet. »Bei *Meteor* gab es Probleme mit der Nachbearbeitung der Special Effects, denn es war kein Geld mehr vorhanden. So kam es zu dieser Katastrophe«, kommentierte später Connery, der mit dem Film zwei Millionen Dollar verdiente.

Explosion Das nächste Werk, nach *Robin und Marian* wieder unter der
in Cuba Regie von Richard Lester, hieß *Explosion in Cuba* (*Cuba*, 1979). Es stellt in einer anarchistischen Bilderfolge die kubanische Revolution von 1959 nach, den Sturz des Diktators Batista durch Fidel Castros Guerilleros. Ein brisantes Thema, das leider leichtfertig vertan wurde. Connery als britischer Glücksritter und wackerer Ex-Major Robert Dapes, der ärgerlicherweise auf der falschen Seite kämpft, wird von Batistas Clan angeheuert, um die so genannten »Terroristen« auszuschalten.

Bei diesem Film ging alles daneben, was nur schief gehen konnte. Das Script war nicht fertig, als die Dreharbeiten in Spanien begannen; die engen Gassen und die Plaza España von Cádiz ließen sich zwar gut in die Schauplätze in Havanna verwandeln, doch da sich der Beginn der Arbeit bis September 1978

verzögert hatte, gab es Probleme mit dem regnerischen Wetter des beginnenden Winters, und die spanische Armee stellte auch die versprochenen Truppen, Panzer und Bomber nicht zur Verfügung, so dass mit Pappmodellen gearbeitet werden musste.

Die »Frankfurter Rundschau« schrieb immerhin: »Der chaotische Sarkasmus des Regisseurs und die Lässigkeit seines Stars ergeben einen schönen späten Touch von Graham-Greene-Romantik.« Der Film fiel in den USA durch, und auch in London lief er gerade mal zwei Wochen in den Kinos. Heute ist dieses Politdrama teilweise rehabilitiert. Es hatte sein Thema bemerkenswert differenziert und ohne Klischees gestaltet und inzwischen nostalgische Patina angesetzt.

Connery vollführt Kunststücke auf dem Dach des Folkstone Express (»Der erste große Eisenbahnraub«)

Zeit- und Weltraumreisen Sean Connerys Weigerung, eine nur am Erfolg orientierte stromlinienförmige Karrie-
re anzustreben, führte immer wieder auf Irrwege oder drohte ihn
in Abgründe zu stürzen. Er hatte James Bond Roger Moore überlassen, der damit Ruhm, Erfolg und Millionen erntete, und auch
bei der Auswahl seiner Filme schien Connery nicht immer vom
Glück begünstigt. Oftmals hatte er Rollen abgelehnt, die sich
hinterher als glanzvoll erweisen sollten, etwa Mitte der sechziger
Jahre die Hauptfigur in Michelangelo Antonionis *Blow up* oder
den Helden in der TV-Serie *Shogun* (1979), den dann Richard
Chamberlain spielte. 1980 lehnte er es auch ab, seine Memoiren
zu schreiben, obwohl ihm ein Verleger zwei Millionen Dollar
geboten hatte.

Nach großartigen Rollen wie als Robin Hood, dem edlen Rächer, oder El Raisuli, dem Berberfürsten, stand er Ende der siebziger Jahre wieder einmal vor dem Nichts. Er hatte sich fast keine
Pause gegönnt, in zehn Jahren in fünfzehn Filmen mitgewirkt
und schien ziemlich ausgelaugt. Sein Selbstbewusstsein war
damals Gerüchten zufolge angeknackst. Im Spätherbst 1979 flog
er nach Hollywood, um in den USA für *Meteor* und *Explosion in
Cuba* auf Promotionstour zu gehen, eine wenig angenehme Tätigkeit, denn die öffentliche Resonanz auf beide Filme war ziemlich negativ. Anfang 1980 zog sich Connery zur Erholung in sein
Haus in San Pedro de Alcántara, einem Fischerdorf nahe Marbella, zurück.

Im Sommer desselben Jahres ließ sich Connery auf ein neues
Outland Weltraumabenteuer ein: *Outland – Planet der Verdammten* (*Outland,* 1981) hieß das Opus des Regisseurs Peter Hyams, der zuvor mit *Unternehmen Capricorn* (*Capricorn One,* 1978) in diesem
Genre einen Hit gelandet hatte.

Der Star spielt den Polizeioffizier O'Neil, der auf dem Jupiter-
mond IO in einem Con-Am-Bergwerk ermittelt. Er findet heraus,
dass Arbeiter, die Selbstmord begingen oder ermordet wurden,
unter Drogen standen, die ihre Leistung steigerten.

O'Neil kämpft nun allein, nur unterstützt von der Ärztin Dr.

Lazarus, als einsamer Weltraum-Cowboy gegen intergalaktische Drogendealer und Killer, die Con-Am auf ihn hetzt. Offenkundig hat Peter Hyams den Westernklassiker *Zwölf Uhr mittags* (*High Noon*, 1952) mit Gary Cooper zum Vorbild genommen und in den Weltraum verlegt. Der SF-Thriller »schildert eine negative Zukunft, eine kalte Funktionswelt, rücksichtslos ausgebeutete Menschen, die in einer gefängnisartigen Unterwelt leben« (»Filmdienst«). Oder wie es Connery sah: »Sie schickten mich zu diesem Haufen Shit, weil sie dachten, da gehörte ich hin. Ich wollte herausfinden, ob sie Recht hatten.«

Dann bot Terry Gilliam von der Monty-Python-Truppe Connery eine Cameo-Rolle in dem surrealen Fantasyfilm *Time Bandits* (1981) an. Die Story, in der ein kleiner Junge auf eine Zeitreise geht, ist witzig, originell und fantasievoll. Helden der Geschichte wie Robin Hood oder Napoleon tauchen in dem Film auf. Connery als griechischer König fand sich in *Time Bandits* wieder einmal im Reich der Historie, in dem er sich schon glänzend bewährt hatte. »Es war lebenswichtig für Terry Gilliam und mich, dass Agamemnon von einem starken charismatischen Schauspieler dargestellt wurde«, bekannte Michael Palin von den Monty Pythons. **Time Bandits**

Der Film entstand in England und Marokko. Connery war mit einer bescheidenen Gage einverstanden, erhielt dafür aber Prozente am Einspielergebnis. Außerdem hatte er in den Drehpausen die Möglichkeit, sich am nahe gelegenen Golfplatz des marokkanischen Clubs Aloha sportlich zu betätigen. Der Streifen kam im Juli 1981 heraus und wurde ein Riesenerfolg.

In dem folgenden Film *Flammen am Horizont* (*Wrong is Right*, 1982) ist Connery ein erfolgreicher TV-Journalist, der sich zwischen CIA-Machenschaften, Medienrummel und Terrorismus verstrickt. »Bissige Kritik an einer inhumanen, lediglich an Nervenkitzel interessierten Zivilisation«, urteilte der »Filmdienst«. Regisseur Richard Brooks holte zu einem Rundumschlag gegen die amerikanische Gesellschaft aus, was leider beim Publikum wenig Echo fand. **Flammen am Horizont**

Connerys Schauspielkunst, die unnachahmliche Art, wie er seine Charmeure und Bösewichter interpretierte, war immer von höchster Qualität: Das bestätigte ihm jedenfalls die Kritik. Leider besaß der Star ein Talent dafür, immer wieder in die falschen Filme zu geraten, oder wie es der Connery-Biograf John Parker subtil ausgedrückt hat: »Das Pech, mit weltberühmten und brillanten Regisseuren ausgerechnet an Filmen zu arbeiten, in denen sie nicht ihre Höchstform erreichten.«

So war es ihm in *Flammen am Horizont* mit Richard Brooks ergangen, der Meisterwerke wie den Klassiker *Saat der Gewalt* (*The Blackboard Jungle,* 1955) geschaffen hatte; dasselbe passierte ihm nun mit Fred Zinnemann, dem Regisseur des Kult-Western *Zwölf Uhr mittags* (*High Noon,* 1952), als er sich auf das Abenteuer eines Alpendramas einließ. Connery absolvierte dafür sogar in der Schweiz einen zweiwöchigen Bergsteigerkurs. Zinnemann, einstmals vor den Nazis aus Wien nach Hollywood emigriert, wollte schon immer einen Bergfilm drehen, in dem die Alpen mehr als nur die Kulisse darstellten.

Am Rande des Abgrunds

Tatsächlich entfaltete sich die ungestüme Dreiecksgeschichte *Am Rande des Abgrunds* (1982) – unaufdringlicher ist der Originaltitel *Five Days One Summer* – vor einem grandiosen Bergpanorama. Connery als schottischer Arzt verbringt mit seiner Geliebten einen romantischen Urlaub in Eis und Schnee, doch sie verliebt sich in den Bergführer. Die Männer gehen auf eine riskante Gletschertour, und nur einer von beiden kehrt zurück.

Der von Connery dargestellte Douglas Meredith ist einer seiner empfindsamsten Helden, eine Figur wie aus einem Ibsen-Drama. Zinnemann über seinen Hauptakteur: »Sean Connery ist nicht nur ein freundlicher, warmherziger Mensch, er ist außerdem ein hervorragender Schauspieler und ein echter Kumpel. Seine Courage und sein brummiger, sarkastischer Humor machten ihn bei der Crew rasch beliebt ... Er besitzt eine Aura absoluter Autorität.«

Der Film orientierte sich in seiner Bildgestaltung an dem klassischen Bergfilm von Arnold Fanck, *Die weiße Hölle vom Piz*

Palü (1929). Connery bewältigte halsbrecherische Kletterpartien ohne Stuntman, und er hing an einem Seil über einer sechshundert Meter tiefen Felsspalte. Doch sein Einsatz war vergebens, der Film wurde kein Erfolg. Es war die letzte Arbeit des 1907 geborenen Zinnemann, er starb 1997.

In diesem Melodram verkörperte die jugendliche Betsy Brantley Connerys Freundin. Damit kündigte sich erstmals ein neuer Trend an, der den schottischen Star als Mitspieler sehr viel jüngerer Filmschönheiten in seinem Element zeigte: In den folgenden Filmen hießen seine Partnerinnen Kim Basinger, Michelle Pfeiffer, Kate Capeshaw und Catherine Zeta-Jones.

Mit Lambert Wilson und Betsy Brantley in »Am Rande des Abgrunds«

Im Jahr 1982 spielte er in dem britischen Canon-Film *Camelot – Der Fluch des Goldenen Schwertes* (*Sword of the Valiant – The Legend of the Green Knight*) eine kurze Gastrolle; für sechs Drehtage kassierte er eine Million Dollar. Eine ordentliche Gage für einen Film, der nie in die Kinos kam und erst sechs Jahre später im Fernsehen gezeigt wurde.

1965 war der Bond-Thriller *Feuerball* mit **Never Say Never Again** Connery verfilmt worden, und wie bereits dargestellt, fielen die Rechte nach zehn Jahren an Kevin McClory zurück. Das erwies sich als eine Regelung, die Broccoli und Saltzman nachträglich bitter bereuen sollten.

McClory plante nun, *Feuerball* neu zu verfilmen: Eines Tages erhielt Connery einen Anruf von ihm mit der Anfrage, ob er noch einmal James Bond spielen wolle. Connery hielt das Ganze für einen Witz. Doch als McClory erklärte, der Starautor Den

Leighton habe eingewilligt, das Buch neu zu bearbeiten, und man würde auch Connerys Erfahrungen und Ideen beim Drehbuch mit einbeziehen, erwachte das Interesse des Stars. Er traf sich mit Den Leighton in County Louth in Irland.

Eine von McClory aufgegebene Anzeige in der Zeitschrift »Variety«, in der er einen Bond-Thriller ankündigte, sorgte für Sprengstoff in der Branche. Cubby Broccoli schaltete sofort seinen Anwalt ein. Der Prozess zog sich Jahre hin, er war kompliziert, und es ging um viel Geld. Doch im Sommer 1980 hatte McClory gegen Broccoli, United Artists und die Fleming-Erben gewonnen. Nun musste er nur noch einen zahlungskräftigen Geldgeber finden und den Ex-Bond überreden, die Rolle noch einmal zu übernehmen.

Inzwischen bereitete Broccoli den neuen James Bond *Octopussy* (1983) mit Roger Moore vor. Es vergingen noch einige Jahre, ehe aus McClorys Projekt die gelungenste Bond-Vorstellung von Sean Connery wurde: ein ironischer Abgesang auf den berühmten Geheimagenten mit dem beziehungsreichen Titel *Sag niemals nie* (*Never Say Never Again,* 1983).

Die Vorgeschichte von *James Bond of the Secret Service,* wie der Film ursprünglich heißen sollte, ist mindestens so packend wie ein Bond-Thriller, wenn nicht spannender. Den endgültigen Titel fand dann Seans Frau Micheline in Anspielung an seine früheren Aussagen, nie wieder James Bond spielen zu wollen.

Die Gerüchte über eine mögliche Rückkehr von Connery wollten nicht verstummen. Und wer würde sein Gegenspieler sein, Namen wie Orson Welles wurden gehandelt. Die Presse heizte den Schaukampf zwischen beiden Bonds mit Headlines wie »Der alte James Bond will Roger Moore ans Leder« oder »Duell der Agenten« auf. Dazu Connery: »Es las sich spannend, sicher, aber es war unwahr und unfair«, denn am freundschaftlichen Verhältnis der beiden Stars würde ein Film nichts ändern. Weshalb Connery das Toupet aufsetzen wollte, um den Superhelden noch einmal lebendig werden zu lassen, wurde er gefragt, schließlich hatte er die Rolle schon zweimal endgültig abgesagt.

Rechte Seite: Connery spielt zum letzten Mal James Bond: »Sag niemals nie«

Beabsichtigte er, seiner stagnierenden Karriere neues Blut zuzuführen? Oder wollte er nur Broccoli eins auswischen? Musste sich Connery beweisen, dass er noch top war?

Kevin McClory war nach dem jahrelangen Prozessieren mit den Nerven fertig und verkaufte die Rechte an Jack Schwartzman, den damaligen Vizepräsidenten von Lorimar Pictures, blieb aber ausführender Produzent mit einer prozentualen Beteiligung am Gewinn. Schwartzman veräußerte Lorimar, um sich ganz dem Bond-Film zu widmen. Elf Studios lehnten die Finanzierung ab, und erst als der Ex-Bond im Oktober 1981 den Vertrag unterschrieb, war Warner Bros. bereit, den Thriller für zwanzig Millionen Dollar zu produzieren.

Der Superstar bestand diesmal nicht nur auf einer Gage von fünf Millionen Dollar – demselben Betrag, den Roger Moore für *Octopussy* kassierte –, er hatte sich auch weitgehende Mitspracherechte an dem Film gesichert. So nahm er Einfluss auf Drehbuch und Casting, und er konnte den Regisseur bestimmen. Nachdem Richard Donner abgesagt hatte, entschied er sich für Irvin Kershner, mit dem er bereits in *Simson ist nicht zu schlagen* Erfahrungen gesammelt hatte und der mit *Das Imperium schlägt zurück* (*The Empire Strikes Back*, 1979) den *Krieg der Sterne* erfolgreich fortgesetzt hatte.

Die Besetzung war erste Sahne: Klaus Maria Brandauer gab Bonds Erzfeind Maximilian Largo und Max von Sydow den Oberschurken Blofeld, in der Damenriege intri-

Mit Kim
Basinger
in »Sag
niemals nie«

gierten die damals noch unbekannte Kim Basinger als Domino und die dunkelhaarige Barbara Carrera als böse Schlange Fatima.

Mit Lorenzo Sample jr. wurde ein weiterer Drehbuchautor hinzu gezogen. Connery hatte zusätzlich die Briten Dick Clement und Ian La Frenais geholt, um den Humor zu verschärfen. Da sich die Arbeit am Script durch Änderungen immer wieder verzögerte, konnte mit den Dreharbeiten erst am 27. September 1982 in Nizza begonnen werden.

Dem Zuschauer wird von der ersten Szene an auf augenzwinkernde Weise signalisiert, dass 007 in die Jahre gekommen ist – genau wie der Bond-Darsteller. Während der Vorspann läuft, muss der Geheimagent gegen eine feindliche Übermacht kämpfen und in einem Terroristen-Camp eine weibliche Geisel befreien. Er wird dabei getötet, dann ertönt das Wort »Cut«: Das Ganze war ein Übungsfilm, um Bonds Reaktionsvermögen zu testen; leider ist er dabei durchgefallen. M macht Bonds »ungezügelte Lebensweise« für seine mangelhafte Fitness verantwortlich, er bemängelt, dass 007 zu viel Fleisch, Weißbrot und trockene Martinis konsumiere. Bond schlägt vor, auf das Weißbrot zu verzichten. Weil er versagt hat, schickt ihn M in ein Recreation-Center, damit er wieder in Form kommt. Dort hat er es plötzlich mit einem Muskelprotz zu tun, der den Agenten wie Fliegendreck durch die Räume schleudert. Erst als Bond dem Mann den Inhalt eines Reagenzglases ins Gesicht schüttet, fällt dieser wie tot zu Boden. Auf dem Etikett steht: Urin von James Bond. Dies ist einer von zahlreichen Gags, mit denen in diesem Thriller das Geschehen aufgelockert wird.

In der Story geht es wieder um den Diebstahl zweier Cruise-

Missiles-Raketen durch SPECTRE. Der eiskalte Max Largo, die »Nummer eins« der Organisation, soll den Auftrag durchführen. Der drogenabhängig gemachte Pilot Petacci hilft dabei SPECTRE und wird anschließend von Fatima ermordet. Bond verfolgt die Spur der verschwundenen Raketen, mit denen SPECTRE die USA erpresst, und findet eine davon in einem unterirdischen Grabmal an der Küste Nordafrikas, die zweite kann in Washington sichergestellt werden.

Ehe Bond diesen Sieg erringt, muss er wieder haarsträubende Abenteuer bestehen. Auf der Suche nach den Raketen wird er unter Wasser von Haifischen verfolgt. In einer hektischen Szene rast er auf den engen Küstenstraßen an der Côte d'Azur mit seinem Motorrad hinter Fatimas Mini-Cooper her, fliegt dabei über Autos und gerät in einem Tunnel in eine Falle, aus der er sich mit einer List wieder befreit. Später springt der flüchtende Bond mit der schönen Domino auf einem Pferderücken von einer hohen Felsenklippe ins Mittelmeer. Doch man vermied diesmal das überlange Unterwasser-Kampfgetümmel von *Feuerball,* bei dem die feindlichen Parteien kaum zu unterscheiden waren. Dafür wurde der Showdown allein zwischen Bond und Largo ausgetragen, in dem 007 – eine neue Variante in einem Bond-Film – schließlich von Domino gerettet wird.

Dieses Remake war für Connery riskant, denn zwanzig Jahre nach seinem ersten James Bond sich den harten Strapazen auszusetzen, die in einem solchen Unternehmen auf ihn lauerten, bedeutete eine Mutprobe. Er hätte sich auch lächerlich machen können. Der Schauspieler hatte sich zwar durch Golf, Tennis und Schwimmen in Form gehalten, trotzdem musste er im Fitness-Center wochenlang hart trainieren, um den sportlichen Anforderungen und seinem eigenen Image gerecht zu werden.

Als Schauplätze wählte man die Bahamas und Südfrankreich, das Casino von Monte Carlo und die Yacht »Nabila« des Öl-Milliardärs Adnan Kashoggi, die im Film »Flying Saucer« heißt.

Die Dreharbeiten gestalteten sich katastrophal. Einmal weil die Produktion nicht wie die Broccoli-Crew über ein eingespieltes

Team verfügte, zum anderen erwies sich der Produzent Jack Schwartzman als Totalausfall. Als es kompliziert wurde, zog er sich mit einer Geheimnummer auf die Bahamas zurück und blieb unerreichbar. Connery: »Genau genommen haben ich und der Regieassistent den Film produziert.«

Roger Moore gewann zwar mit *Octopussy* das Rennen gegen die Uhr – sein Film hatte schon im Sommer 1983 Premiere, während *Sag niemals nie* in Amerika erst im Oktober in die Kinos kam –, aber die besseren Kritiken erhielt Connery. US-Rezensent Roger Ebert: »Eines dieser seltenen Showbiz-Wunder, die sich sonst nie ereignen. Die Beatles treten nie wieder gemeinsam auf. Aber hier – ist Sean Connery als Sir James Bond.« Und »Time« urteilte: »Es tut gut, Connerys ernste, stilvolle Eleganz wieder in dieser Rolle zu sehen. Bonds Zynismus und Opportunismus erscheinen einem so als Produkt seiner Welterfahrung (und Weltmüdigkeit), was bei Roger Moore oft eher wie reine Doofheit wirkt.«

Sag niemals nie wurde ein Hit, im ersten Jahr verzeichnete der Film allein in Deutschland über dreieinhalb Millionen Besucher, weltweit spielte er hundertzehn Millionen Dollar ein. Sean Connery legte danach eine dreijährige Filmpause ein. Er war erst 1985 bereit, wieder vor eine Kamera zu treten.

Unsterblichkeit Nachdem Ende 1982 Sean Connerys letzter Bond abgedreht war, lehnte er alle Drehbücher ab, die ihm ins Haus flatterten, *Comfort and Joy* von Regisseur Bill Forsyth und eine Reihe anderer Filmprojekte. Er freute sich über seinen Erfolg und spielte Golf in den entlegensten Gegenden der Welt – am liebsten aber in Schottland, dort liegen angeblich die besten Golfplätze.

Nach über sechs Jahren gewann er im Februar 1984 den Prozess gegen seinen früheren Finanzberater Kenneth Richards. Dieser hatte ohne Absprache mit ihm mehrere Millionen Dollar an einen französischen Bauunternehmer verliehen, Geld, das verloren war. Das Gericht sprach Connery einen Schadenersatz in Höhe von 2,8 Millionen Pfund zu. Dabei handelte es sich um einen symbolischen Betrag, denn Richards war schon bankrott, noch ehe das Urteil verkündet wurde.

Im Juni 1984 machte Connery seinem immer noch an ihm nagenden Zorn gegen Broccoli und United Artists, die inzwischen mit MGM fusioniert hatten, Luft. Er strengte einen Prozess an, der alles bisher Dagewesene in den Schatten stellte. Es ging bei dem Streit um die Summe von zweihundertfünfundzwanzig Millionen Dollar. Sean Connery führte an, um Gewinne bei den James-Bond-Filmen betrogen worden zu sein. Die Klage, die von Connerys Anwälten von langer Hand vorbereitet worden war, lautete auf vorsätzliche Täuschung, Betrug, Vertragsbruch und psychische Grausamkeit.

In der Öffentlichkeit hörte man später nichts mehr von dem Fall, es gab wohl eine außergerichtliche Einigung. Connerys Prozesswut war gefürchtet, und es schien ihm völlig egal zu sein, ob er damit in der Branche in Verruf kam. Schon 1966 hatte er Jack Warner um fünfzigtausend Dollar verklagt, als bei dem Film *Simson ist nicht zu schlagen* die Drehzeit überschritten worden war – und Warner hatte gezahlt. Connery dreht immer noch Filme, sein diesbezüglicher Ruf schadet ihm nicht. Und er hat anderen Leinwandgrößen durch seine offensive Haltung Mut gemacht.

Der Schauspieler ging in diesen drei Jahren mit Micheline und den Kindern viel auf Reisen, er gönnte sich endlich das, was ihm lange Zeit aus Termingründen nicht möglich gewesen war. Er lebte in Iowa auf einer Farm, die er erworben hatte, oder auf den Bahamas. Er schien ruhiger und gelassener geworden zu sein, als wäre ihm die Karriere nicht mehr so wichtig. Wenn er in England Dinnerpartys gab, traf er alte Freunde wie Michael Caine, Jackie Stewart, Barbara Carrera oder Albert Finnay. Es machte ihm Spaß, mindestens zwei Personen einzuladen, von denen er wusste, dass sie sich nicht ausstehen konnten.

Connery lebte nach dem Lustprinzip, wenn ihm etwas Vergnügen bereitete, fragte er nicht nach dem Erfolg. So wirkte er zu-

Mit
Christopher
Lambert in
»Highlander«

sammen mit Donald Pleasence und John Hurt in dem Hörspiel
»After the Fire« bei der BBC mit. In dem kuriosen Stück von
Peter Barnes treffen sich drei Zuhälter nach einer Beerdigung
und tauschen Erinnerungen aus. Für Connery waren dabei die
Kosten für die Anreise von Spanien höher als die Gage, aber der
Spaß war es ihm wert.

Sein Image als Star war nach dem erneuten Triumph als James
Bond endgültig gefestigt. Er wurde ständig auf den Hitlisten der
beliebtesten Kinostars geführt. Doch nun sollte ein Meisterwerk
folgen, das sogar den Triumph seines letzten James-Bond-Films
übertraf: der Kloster-Thriller *Der Name der Rose* (*Il nome de la
rosa*, 1986), eine internationale Co-Produktion unter der Leitung
von Bernd Eichinger.

Zuvor leistete sich Connery allerdings noch einen kleinen Ausflug in die Unsterblichkeit mit der Figur des Juan Villa-Lobos
Ramirez, eines 2437 Jahre alten ägyptischen Edelmanns, eine

der extravagantesten und farbenprächtigsten Gestalten aus seinem Repertoire. Der Film heißt *Highlander – Es kann nur einen geben* (*Highlander*, 1985).

Die Story mäandert auf mysteriöse Weise zwischen dem Schottland des 16. Jahrhunderts und dem modernen Manhattan hin und her. Die unsterblichen Ritter tragen blutige Schwertkämpfe aus, angeblich zum Wohl der Menschheit. Die New Yorker Polizei steht bei den Ereignissen vor einem Rätsel. Die Unsterblichen können sich nur gegenseitig »erlösen«, und nur einer wird überleben: der Highlander.

Highlander

In dem halluzinatorischen Fantasy-Thriller spielt Connery hoch zu Ross in einem prächtigen weinroten Wams den Mentor des jungen Helden, verkörpert durch Christopher Lambert. Er sieht aus wie ein spanischer Edelmann und führt den Highlander in harten Lektionen in die Fechtkunst ein. Beim Ritt durch die grünen schottischen Täler werden sie zu Freunden. Connery verzichtete auf ein Double, er musste sich den Hintern im Sattel wund reiten und mit einem Holzschiff über einen dunklen See rudern. »Connery ist irre gut, und man wundert sich, weshalb er in seiner langen Karriere noch nie einen Swashbuckler gespielt hat, denn er macht hier einem Errol Flynn alle Ehre«, kommentierte der »Glasgow Herold«.

Der Film basierte auf der Doktorarbeit eines Studenten namens Gregory Widen in Los Angeles, die bei den Produzenten Bill Panzer und Peter Davis gelandet war. Widen fertigte daraus zusammen mit den Drehbuchautoren Peter Bellwood und Larry Ferguson ein Filmscript. Jungstar Christopher Lambert wurde anfangs durch Connery eingeschüchtert, denn der Schotte dominierte das Set. Er brachte seine ganze Filmerfahrung ein, bestimmte Kamerawinkel oder Handhabung der Schwerter. Doch der Erfolg gab Connery Recht. *Highlander* wurde ein Hit und zählt zu den Kultfilmen vor allem der Jugend, was auch mit der Musik von Queen und Freddie Mercurys Song »It's a Kind of Magic« zu tun hat. Sechs Jahre später entstand mit demselben Team eine Fortsetzung der Story.

Zurück in die Zukunft

Viele Schauspieler sind einfach und doch kompliziert. Sean ist unkompliziert, aber nicht einfach.

Terence Young

1982 erschien der Roman »Der Name der Rose« von Umberto Eco. Er handelt von **Mönche und Ketzer** Theologie, Politik, der Theorie der Zeichen und dem Gegensatz zwischen Aufklärung und Ketzerei – und nebenbei passieren mysteriöse Morde, welche die Romanhandlung vorantreiben. »Der Name der Rose« wurde ein internationaler Bestseller, der **Der Name** mehr als eine Million Leser allein in Deutschland fand, und **der Rose** Bernd Eichinger setzte es sich in den Kopf, dieses als unverfilmbar geltende Meisterwerk ins Kino zu bringen. Er beauftragte den französischen Regisseur Jean-Jacques Annaud mit den Vorarbeiten, und so entstanden im Lauf der Jahre fünfzehn verschiedene Drehbuchentwürfe. Annaud: »Es musste einiges gekürzt werden. Und Reduktionen und Auslassungen sind extrem schwierig zu handhaben, denn sie brauchen eine gewisse Balance. Sonst zerstört man das Werk.«

Schließlich hörte Sean Connery davon und erkundigte sich bei seinem Agenten nach dem Projekt. Mehrere große Stars waren an der Hauptrolle des Films interessiert, unter ihnen Michael Caine, Dustin Hoffman und David Bowie, doch Regisseur Annaud entschied sich für Connery. Er übernahm die Charakterrolle des Franziskanermönchs William von Baskerville. Connery: »Mir gefällt die Idee von einem Mönch mit einer gewissen ungewissen Vergangenheit. William hat Sinn für die Vergänglichkeit der Epoche, in der er lebt.«

Linke Seite: Als Indiana Jones senior in »Indiana Jones und der letzte Kreuzzug«

Wir schreiben das Jahr 1327. Gnadenlos spürt die »heilige« Inquisition jeden auf, den sie mit dem Teufel im Bund wähnt.

Der gelehrte Franziskanermönch als Botschafter des Kaisers or-
ganisiert zusammen mit seinem jungen Schüler Adson von Melk
(Christian Slater) in einem Kloster an den Hängen des Apennin
ein Treffen mit einem Abgesandten des Papstes. Dabei soll die
Frage diskutiert werden, ob Christus der Eigentümer seiner Kleider war. Im übertragenen Sinn: ob die Kirche Reichtümer anhäu-
fen darf oder aber Armut praktizieren soll. Überschattet wird das
Ganze durch unerklärliche Mordfälle im Kloster.

Williams Gegenspieler Bernardo Gui (F. Murray Abraham), ein
fanatischer Groß-Inquisitor, glaubt bei den Morden an apokalyp-
tische Zeichen oder ein »Werk des Teufels«, dem mit dem Beel-
zebub und Hexenaustreibung begegnet werden muss. William
dagegen vermutet undurchsichtige kriminelle Vorgänge im Kloster, die er mit detektivischer Kleinarbeit erforscht. Den wahren
Hintergrund des Falls entdeckt William schließlich in einer ver-
schollen geglaubten Schrift des Aristoteles, die die Kraft des La-
chens gegen die herrschenden Autoritäten beschwört. Kein Wunder, dass Bernardo Gui seine Folterwerkzeuge im Kloster bereits
wetzt: »Lachen tötet die Furcht, und ohne Furcht kann es keinen
Glauben geben. Wer keine Furcht vor dem Teufel hat, der braucht
keinen Gott mehr.«

Der Film *Der Name der Rose* entfaltet ein faszinierendes Spiel widersprüchlicher Interessen und Motive, auf der einen Seite zwischen Inquisitor und Aufklärer, auf der anderen zwischen Vater und Sohn. William kann den Novizen, der in seiner ersten und letzten Liebe einem Bauernmädchen verfällt, mit Geschick vor dem Scheiterhaufen bewahren. Später meint er zu Adson: »Wie friedlich könnte das Leben sein ohne Liebe. Wie sicher, wie ruhig. Und wie öde!«

Die Geschichte spielt hinter verschlossenen Türen in einem düsteren Mikrokosmos. Die ausgeprägten, zerfurchten Gesichter der Mönche schaffen ein makabres Fluidum. Connery in seiner lederbraunen Mönchskutte agiert klug, behutsam, zurückgenommen in seiner Körpersprache, als Vertreter der Kurie, des Geistes und der Vernunft. Eine unvergessliche Erscheinung, die zwischen Tatkraft und Resignation die Balance hält. Connery: »Es war ein großes Vergnügen, einen Mann zu spielen, der vernünftig, intelligent und witzig ist. Den meisten Filmen fehlt dies.«

Connery leistet detektivische Kleinarbeit in »Der Name der Rose«

Im Kloster Eberbach im Rheingau wurden die Innenaufnahmen gedreht, die Abtei mit dem Turm, in dem sich die geheime Bibliothek befindet, errichtete man auf einem Hügel nördlich von Rom. In dem mit einem Etat von sechsundvierzig Millionen Mark hergestellten Monumentalepos aus der Welt des Mittelalters wurde größter Wert auf detailgenaue Ausstattung gelegt, von Filmarchitekt Dante Ferretti in Rom entworfen und von Historikern geprüft.

Die amerikanische Kritik verstand den Film nicht. Er wurde aber in Europa und dem Rest der Welt trotzdem einer der größten Erfolge für Sean Connery. In Deutschland sahen 1986 knapp sechs Millionen Zuschauer den Film, und das Publikum in Rom und London stürmte die Kinokassen. »Es gelingt dem Film ... das düstere Geschehen, den Kampf von Irrationalität und Aufklärung, von Dämonenglauben und Machtstreben, von Bauernausbeutung und intellektueller Auseinandersetzung in einer fast apokalyptischen Stimmung zu versinnbildlichen«, kommentierte der »Filmdienst«.

Vaterrollen Auch als inzwischen über Fünfzigjähriger war Connery immer noch ein attraktiver Mann und als Partner junger Filmschönheiten gefragt. Er übernahm jetzt auch häufig Vaterrollen wie als weiser Mentor des jungen Adson in *Der Name der Rose*. Bald sollte er den Daddy des blonden Engels Meg Ryan in *Presidio* (1988) spielen und den kauzigen Senior von Indiana Jones. Und in *Family Business* (1989) ist er nicht nur ein Gauner und Schlitzohr, sondern auch Vater von Dustin Hoffman und Großvater von Matthew Broderick.

Durch diese Rollen kamen immer neue Facetten seiner Persönlichkeit ans Licht, Klugheit gepaart mit Kühnheit, Sinn für doppelbödigen Witz und Shakespeare'sche Tragik. Er war nun ein James Bond auf der anderen Seite des Mondes, ein Held mit der Lizenz zu leben, und ein Mann, der auf der Leinwand auch mal ins Gras beißt.

In der Gangsterballade *The Untouchables – Die Unbestechlichen* (*The Untouchables*, 1987) ist er der mit allen Wassern gewaschene irische Cop Jim Malone, der seine Erfahrung dem Greenhorn Eliot Ness (Kevin Costner) zugute kommen lässt. Ness ist Steuerbeauftragter der US-Regierung und Al-Capone-Jäger und holt Jim in sein Team. Der produziert sich gern als oberschlauer Besserwisser, weiß aber, wie man mit Ganoven umgeht. Al Capone ist nur durch aggressives Forechecking zu fassen. Malone zu Ness: »Du willst Capone fangen, ich sag dir, wie es geht. Er zieht ein Messer, du ziehst eine Kanone.«

Auf der Jagd nach Al Capone (»The Untouchables – Die Unbestechlichen«)

Sean Connery als Jim Malone ist der ehrliche Polizist in einer schmutzigen Stadt. Ein unangepasster Mann, deshalb muss er immer noch Streife gehen in seinem Revier. Er ist frustriert vom Polizistenleben und seinen korrupten Kollegen. An der Seite von Ness findet Malone zu seiner jungenhaften Begeisterung zurück, bis ihn die Maschinengewehrsalve eines Killers trifft, er blutend über den Boden kriecht und sein Leben aushaucht. »Für

Die Unbestechlichen

mich war der Film nach dieser Szene zu Ende. Das ist immer wieder das Problem bei Connery. Seine Präsenz ist so stark, dass er allen anderen im Film die Show stiehlt«, befand Connerys Freund Eric Sykes, der auch einer seiner bevorzugten Golfpartner ist.

Brian De Palma, ein Hitchcock-Bewunderer, hat diese »Symphonie in Blei« inszeniert. Seine Liebe zum Detail, ausgeklügelte Kamerafahrten und Einstellungen, Ennio Morricones Soundtrack und die lakonisch-präzise Charakterisierung der Personen machen den Film zu einem opulenten Augen- und Ohrenschmaus. Der »Evening Standard« urteilte über Connery: »Ein Hort moralischer Integrität.« Der Film mit den drei Superstars Kevin Costner, Sean Connery und Robert De Niro (als Al Capone) erhielt hervorragende Kritiken, und er war sehr erfolgreich. Sein Einspielergebnis lag bei hundertachtzig Millionen Dollar. Connery gewann mit *The Untouchables – Die Unbestechlichen* einen Oscar, den er als Würdigung seines Gesamtwerkes betrachtete.

Presidio ist ein riesiges Militärgelände in San Francisco. Welcher Teufel Connery geritten haben mag, in den gleichnamigen Polit-Krimi (*The Presidio*, 1987) einzusteigen, bleibt ein Rätsel. Eigentlich war Marlon Brando für die Hauptrolle vorgesehen, doch der mochte die Figur nicht. Das hätte Connery warnen sollen. Bei der Untersuchung eines Mordfalls, der in die höchste Militärhierarchie reicht, gerät Colonel Caldwell (Connery) mit dem jungen Detektiv Austin aneinander, der schließlich auch noch die Frechheit besitzt, sich in Caldwells Tochter (Meg Ryan) zu verlieben.

Mit Mark Harmon in »Presidio«

Die einzige Besonderheit an dieser Story waren die Tränen in Connerys Augen, das hatte man vorher noch nie gesehen – und auch später nicht wieder. Ansonsten wirkt sein Offizier mit

Schirmmütze und scharf geschnittenem Schnauzer martialisch. Doch der Schauspieler hatte Probleme mit dem militärischen Gang: »Es war schwierig, nicht wie ein britischer Seebär zu laufen. Ich war sechzehn damals bei der Marine, und immer noch davon geprägt.« Letztlich war *Presidio* ein uninspirierter Krimi, »hirnlose Action«, so Connery-Biograf Robert Sellers.

Mit Harrison Ford in »Indiana Jones und der letzte Kreuzzug«

Dann meldete sich Steven Spielberg. Der Regisseur suchte schon längere Zeit nach einem reiferen Schauspieler für die Rolle des Vaters von Indiana Jones. Immerhin war James Bond einst die Inspiration für Spielbergs *Jäger des verlorenen Schatzes* (*Raiders of the Lost Ark,* 1981) gewesen, der Harrison Ford zum neuen Abenteuerhelden der achtziger Jahre gemacht hatte. Doch dann passierte etwas, was Spielberg als einer der einflussreichsten Männer Hollywoods noch nie erlebt hatte: Connery wollte das Drehbuch für den dritten *Indiana Jones* lesen, ehe er sich entschied.

Und er verlangte außerdem, auf seine Rolle Einfluss nehmen zu können. Der verkalkte Tattergreis, den er als Dr. Henry Jones verkörpern sollte, war ihm zu blutarm und gebrechlich. »Da ist kein Pep in der Figur«, gab Connery zu bedenken. Seine Gegenvorschläge zielten darauf ab, seine sexuelle Power zur Geltung zu bringen, was bedeutete, dass er bereits mit der blonden Sexbombe intim war, ehe sein Sohn »Indi« zum Zug kam. Außerdem wurde seine Rolle um vier Szenen erweitert. Indiana senior wurde nun ein sturköpfiger Alter mit Verstand, verschroben, aber schlagfertig, noch gut in Schuss und für jede Wahnsinnstat zu haben.

Im letzten Teil der *Indiana Jones*-Trilogie macht sich der Sohn »Indi« auf die Suche nach seinem verschwundenen Vater. Jones senior forscht in Venedig nach dem Heiligen Gral, den auch größenwahnsinnige Nazi-Archäologen in Besitz nehmen möchten. Den Schlüssel liefert ein Buch, in dem die Forschungsergebnisse von Dr. Jones senior aufgezeichnet sind. Die Jagd nach dem Gral löst eine Lawine waghalsiger Ereignisse aus, führt über Berge, durch Städte und Wüsten. Die Helden fahren klapprige Autos, fliegen mit einem Zeppelin und reiten durch einsame Steppen, sie sind Jäger und Gejagte. Sie befreien sich aus jeder noch so kniffligen Situation und schlagen dem Gegner ein Schnippchen nach dem anderen.

Sean Connerys Rolle als Senior ist der von Junior Harrison Ford ebenbürtig. Während Indiana boxt und sich prügelt, bemüht der Alte lieber sein Hirnschmalz. Einer der Beweise seiner blitzgescheiten Intelligenz ist die Szene, als Vater und Sohn am Meeresstrand von einem Tiefflieger attackiert werden. Dr. Jones erschreckt mit seinem Regenschirm auf dem Sand hockende Möwen, die dann als gewaltiger Schwarm aufsteigen und das Flugzeug vom Kurs abbringen – Sekunden später zerschellt es an einer Felswand.

Das Vater-Sohn-Verhältnis in diesem Filmabenteuer ist konfliktreich, aber nicht fest zementiert. Der Alte behandelt den erwachsenen Sohn immer noch als Rotznase, nennt ihn Junior, aber je tiefer sie in die aberwitzigsten Situationen hinein gerissen werden, umso näher kommen sie sich am Ende des Films.

Dr. Jones verfügt über einen sarkastischen Humor. Als er von einem Nazi-Offizier gefragt wird, was er in dem Buch suche, nachdem sie, die Nazis, doch den Plan für den Gral besäßen, antwortet er: »Das Tagebuch sagt mir, dass Schwachköpfe wie ihr Bücher lesen solltet, anstatt sie zu verbrennen.«

Connerys Anteil am Script war nicht gering zu schätzen. Spielberg über seinen Star: »Wenn er eine gute Idee hatte, und das kam etwa zwanzig Mal am Tag vor, strahlte er wie ein kleiner Junge.« Entstanden ist die Sechsunddreissig-Millionen-Produktion an diversen Schauplätzen, in Jordanien, Deutschland, Venedig und Amerika. Das Eintreffen von Harrison Ford und Sean Connery vor Ort glich dem Aufmarsch zweier Gladiatoren. Steven Spielberg: »Sie waren wie Angehörige der königlichen Familie ... wenn sie am Set ankamen, wurden alle anderen still und ehrfürchtig.«

Indiana Jones und der letzte Kreuzzug wurde ein wunderbar altmodisches Slapstick-Märchen, ganz ohne Blutzoll und Terminator-Gewalt, fern jeder Banalität, gespickt mit amüsanten und verrückten Einfällen. Die Besetzung mit Sean Connery, dem Kino-Vorbild aller Abenteurer, in der Rolle des Vaters erlaubte einen komischen Film. Referenzen an James Bond blieben spielerisch, ordneten sich dem Tempo der Inszenierung unter. »In dieser unvollkommenen Welt sieht man ein von Menschen geschaffenes Werk von solcher Vollkommenheit so schnell nicht wieder«, kommentierte »Variety«. Sean Connery: »Man hat die Vater-Sohn-Beziehung im Kino neu entdeckt ... Ich glaube, zurzeit suchen wir alle ein Vorbild, einen großen Daddy, weil das Leben immer schwieriger wird.«

Der Film spielte bereits bei der Premiere am ersten Wochenende seine Produktionskosten ein, weltweit schaffte er im Lauf der Zeit sagenhafte vierhundertneunzig Millionen Dollar und wurde damit der bis heute erfolgreichste Film mit Sean Connery. Gerüchte um eine Fortsetzung von *Indiana Jones* schwirren immer wieder einmal durch die Kinolandschaft.

Russisches Roulette   Mit dem aufkommenden Videomarkt entstand für die Filmbranche eine neue Situa-
tion, die für viele ältere Stars, für die sich die Jugend in den Videotheken nicht erwärmen konnte, Probleme mit sich brachte.
Nicht wenige reifere Schauspieler verschwanden plötzlich von
der Bildfläche. Sean Connery gehörte zu den Ausnahmen, die
sich in dieser Lage nicht nur über Wasser hielten, seine Popularität steigerte sich sogar noch mit seinen Rollen als Übervater.

Family   Ein Beispiel dafür ist die geistreiche Gaunerkomödie *Family*
Business   *Business* (1990), die vom Verleih mit dem Slogan angekündigt
wurde: »Krumme Geschäfte halten den Clan zusammen.«

Sean Connery als Großvater und Familienoberhaupt Jesse
McMullen ist der Organisator eines Millionenraubs, bei dem
Mit Matthew
Broderick
und Dustin
Hoffman in
»Family
Business«   auch der Sohn und der Enkel mit von der Partie sind. Jesse ist
stolz darauf, sein Leben lang ein Gangster gewesen zu sein. Er
sieht auf seinen Sohn Vito (Dustin Hoffman) herab, der in einer
Fleischfabrik arbeitet. Sein Enkel Adam (Matthew Broderick)
scheint dagegen die Gene des Großvaters geerbt zu haben, er will

aus einem Labor Unterlagen für ein Serum stehlen. Dieser »große Coup« begeistert Jesse, doch am Schluss geht alles schief.

In dieser Mischung aus Familienstück, Groteske und Gangster-Melodram kann der Star die ganze Skala seiner tragikomischen Fähigkeiten ausspielen. Dabei gibt er den »harten Hund«, ohne Toupet, grauhaarig und mit forschem Blick, der den spießigen Sohn mit jugendlichem Elan in den Schatten stellt. Zur Strafe für seinen Hochmut kommt er am Ende ums Leben.

Drehbuchautor Vincent Patrick hatte die Figur des Großvaters sanfter angelegt, doch der schottische Weltstar bestand darauf, sie härter zu gestalten. In einem Interview äußerte sich Patrick später: »Auf einmal wird einem klar, dass Sean Connery ein echter alter Filmstar ist, noch ganz im Stil eines Clark Gable. Alle kennen ihn und mögen ihn, und auch auf der Leinwand gewinnt er immer die Sympathien.«

Anschließend wurde Connery die Hauptrolle für die Verfilmung von Tom Clancys Bestseller *Jagd auf Roter Oktober* (*The Hunt for Red October,* 1990) angeboten, nachdem Klaus Maria Brandauer wegen anderer Verpflichtungen ausgestiegen war. Der sowjetische U-Boot-Kapitän Marko Ramius plant in diesem Film, zu den Amerikanern überzulaufen. Die Russen reden dem US-Militär ein, er sei wahnsinnig und wolle Amerika angreifen, weshalb er vernichtet werden müsse. So gerät Ramius zwischen die Fronten.

Jagd auf Roter Oktober

Connery war die Rolle in der vorgelegten Fassung zu dünn. Er rief deshalb John Milius an, um ihn zu bitten, sie für ihn umzuschreiben. Die Figur sollte mehr Fleisch ansetzen, mehr Farbe bekommen, »eine Mixtur aus Stalin und Samuel Beckett, mit diesem militärischen Kurzhaarschnitt und weißem Bart. Ich denke, das funktioniert.« Dazu trug Connery eine prächtige schwarze Uniform, zeigte er sich an Deck als Mannsbild von imposanter Statur, das an einen Zaren erinnerte. Regisseur John McTiernan, Spezialist für harte Action, der mit *Stirb langsam* (*Die Hard,* 1987) einen Hit gelandet hatte, gab zu, dass er zuerst von seinem Star eingeschüchtert war, es dann aber zu einer guten

Zusammenarbeit kam. »Connery weiß, was er tut, ist stets gut vorbereitet und besitzt viele wunderbare Qualitäten: Stärke, Stolz, Hartnäckigkeit und Männlichkeit«, kommentierte McTiernan.

Während der Dreharbeiten kam es zum Besuch eines russischen Botschafters, auch hohe Tiere aus dem Pentagon ließen sich sehen, und sogar Gorbatschows Nichte posierte für ein Erinnerungsfoto mit Sean Connery. Auch dieser Film wurde ein Welterfolg, er spielte knapp zweihundert Millionen Dollar ein. »Connery setzt ein weiteres Highlight in seiner Karriere«, kommentierte »Variety«, und das Magazin »Zitty« meinte: »Man kann sich der geschickt dosierten Spannung trotz militärtechnologischer Fachsimpeleien nur schwer entziehen.«

Mit Michelle Pfeiffer in »Das Russland-Haus«

Nachdem er gerade einen Russen mit schottischem Akzent gespielt hatte, reiste Connery nun nach Russland zur Verfilmung eines Bestsellers von John Le Carré, der im Zeichen von Glasnost sogar den Lesern in Moskau zugänglich war: *Das Russland-Haus* (*The Russia House*, 1990) hieß der nach dem gleichnamigen

Roman entstandene Film, und erstmals stellte es kein Problem **Das Russland-Haus** mehr dar, hinter dem »Eisernen Vorhang« an Originalschauplätzen zu drehen. Kameramann Ian Baker filmte im Oktober 1989 den Winterpalast, den Roten Platz, das Kaufhaus GUM, die berühmte Moskauer Metro und andere Sehenswürdigkeiten sowie eine Bahnfahrt von St. Petersburg nach Moskau. Connery war überrascht von der veränderten Situation: »Die Menschen diskutierten auf dem Roten Platz über Freiheit und Opposition. Und der KGB schaute tatenlos zu.«

Der Film schildert die west-östliche Begegnung zwischen der jungen Russin Katja und einem versoffenen alten britischen Verleger namens Barley Blair. Dem Verleger ist ein Manuskript mit geheimen Informationen über die russische Kriegsmaschinerie in die Hände gefallen. Daraufhin wird Blair, der sich in Katja verliebt hat, vom Geheimdienst überwacht.

Damit befand sich Connery als Anti-Held auf Abwegen zwischen den Geheimdiensten in einem Spionagefilm, der keiner mehr war.

In seiner Rolle als bärbeißiger Verleger begegnete er diesmal dem Hollywoodstar Michelle Pfeiffer: »Sie war anders als die Schauspielerinnen, mit denen ich bisher zusammengearbeitet hatte. Ich spreche nicht vom Make-up oder so ... Sie kam pünktlich zum Set, war gut vorbereitet und konnte es kaum erwarten, loszulegen«, sagte der Schotte über seine Partnerin. Pfeiffer über Connery: »Erstmal, er ist soo groß – ein gewaltiger Mann. Und er hat diese unglaubliche Power.« Als Dritter im Bunde glänzte wieder Klaus Maria Brandauer in einer zwielichtigen Rolle als russischer Wissenschaftler Dante.

Nach dem anfangs nicht gerade überwältigenden Erfolg von **Highlander** *Highlander* hatte niemand mit einem Sequel gerechnet. Doch in den Videotheken verlangten die Jugendlichen nach einer Fortsetzung, und so entschloss sich das Studio, den unsterblichen Helden in *Highlander II – Die Rückkehr* (*Highlander II – The Quickening*, 1991) weiter kämpfen zu lassen. Im Jahr 2024 ist die Ozonschicht angeblich zerstört. Ein betrügerischer Konzern versucht, daraus Profit zu schlagen. Villa-Lobos Ramirez (Connery) und Highlander Connor MacLeod (Lambert) nehmen den Kampf gegen die bösen Mächte auf.

Die Produzenten versprachen ausländischen Vertriebsfirmen, dass Connery mindestens in einem Drittel des neuen *Highlander* zu sehen sein würde. Doch der Terminkalender des schottischen Stars war randvoll, er flog in jenen Tagen von Madrid nach Moskau, von London nach Vancouver, um Publicity für seine Filme zu machen und die Muster der Postproduktion für *Family Business* und *Jagd auf Roter Oktober* anzusehen. Schließlich reiste er im Mai 1990 doch nach Argentinien, wo *Highlander II – Die Rückkehr* entstehen sollte. Regisseur Mulcahy und Christopher Lambert richteten ihren Zeitplan nach ihm, dem Garanten für den Erfolg. Die Kostümdesignerin war mit den Nerven fertig und sprach von Connery nur als »His Sean-ness«, die Crew hatte dreißig Wochen auf ihn gewartet, und nun stand er nur zehn Tage zur Verfügung.

Doch das Sequel bestand nur aus Tricks, Spezialeffekten und chaotischer Handlung, es konnte an die Klasse des ersten Films nicht anknüpfen. Eine verwirrende Dramaturgie und hektische Zeitsprünge bewirkten, dass man der Logik der Geschichte nicht immer folgen konnte. Entsprechend negativ wurde der Film vom Publikum aufgenommen.

Doch Sean Connery war bereits unterwegs zu seinem nächsten Abenteuer. In England entstand eine neue Version der Robin-Hood-Legende. Diesmal schlüpfte Kevin Costner in die Rolle des edlen Rächers der Unterdrückten, während Connery in einer Cameo-Rolle als König Richard Löwenherz gerade mal dreißig Sekunden zu sehen war: »Das Beste an dem ganzen Streifen«, kommentierte der »Hollywood Reporter«.

1991 wechselte Connery in ein neues Filmgenre und übernahm die Hauptrolle in dem Öko-Thriller *Medicine Man – Die letzten Tage von Eden (Medicine Man)*. Der Film erzählt die Geschichte des Forschers Dr. Campbell und seiner Assistentin, die sich in Campbell verliebt. Er versucht, im Regenwald aus Heilpflanzen ein Mittel gegen Krebs zu gewinnen, doch plötzlich ist seine Formel nicht mehr auffindbar, und der Forscher gerät in große Schwierigkeiten.

Die Filmhandlung spielt im Regenwald von Venezuela, ge- **Medicine** dreht wurde in Catemaco südlich von Vera Cruz, einer Gegend, **Man** in der es von Insekten und anderem Getier wimmelt. Connery: »Der Lärm der Insekten und anderer Tiere um mein Haus war der reine Wahnsinn, Neandertal-Geräusche ...« Die Luftfeuchtigkeit war so hoch, dass die Kleider nie trockneten, und das Essen so miserabel, dass fast alle krank wurden. Es gab keine Freizeitmöglichkeiten für die Crew. Im Wasser konnte man nicht schwimmen, der Tennisplatz sah laut Connery aus wie der Strand von Dünkirchen. Kein Wunder, dass schlechte Stimmung bei der Crew aufkam.

Das Drehbuch von Tom Schulman war für eine hohe Summe eingekauft worden, strotzte aber von Klischees und musste von Tom Stoppard umgeschrieben werden. Dann gab es eine weitere, immer noch nicht endgültige Fassung von Sally Robinson. Connery verstieß in diesem Fall gegen seinen Grundsatz, nie ohne fertiges Script mit den Dreharbeiten zu beginnen.

Um das Unglück zu vervollständigen, kam es zu permanenten Streitereien zwischen der Hauptdarstellerin Lorraine Bracco und Regisseur John McTiernan. Connery fand, dass McTiernan von der mechanisch-technischen Seite seines Jobs besessen war. Er ließ eine gewaltige Plattform in den Urwald bauen, um bestimmte Kamerawinkel für die Darsteller in sechzig Meter Höhe zu erhalten.

Der Film wurde häufig mit *African Queen* (1951) verglichen, denn auch hier verschlägt das Schicksal einen Mann und eine Frau in die Wildnis. Sean Connery nahm sich dabei ein Beispiel an Humphrey Bogart: Er wurde in den sechs Wochen Drehzeit nur deshalb nicht krank, weil er ausreichend Wodka trank und deshalb die Insekten angeblich tot von ihm abfielen.

Den Umweltschützern war die kritische Haltung des Films nicht radikal genug, und da auch der romantische Aspekt der

Story niemanden begeisterte, wurde der Film kein großer Erfolg. Die Kritik nahm ihn unterschiedlich auf. »Allein Connery sorgt für eine Spur von Amüsement mit seinem scheinbar erfolglosen männlichen Charme«, schrieb der »New Yorker«.

Die Wiege der Sonne Zu Connerys umstrittensten Filmen zählt *Die Wiege der Sonne* (*Rising Sun*, 1993). Er basiert auf dem Roman »Nippon Connection« des Bestsellerautors Michael Crichton, in dem sich eindeutig rassistische Tendenzen gegen Asiaten nachweisen lassen, ein Spiegel der Paranoia der amerikanischen Wirtschaft vor einer feindlichen Übernahme durch Japan zu jener Zeit: Tatsächlich waren in den neunziger Jahren die Universal Studios und andere Firmen von japanischen Konzernen aufgekauft worden. Inzwischen hat sich die Lage geändert, und die japanische Wirtschaft steckt in der Krise. Connery beurteilte die Thematik des Films kontrovers, für ihn ging es in dem Roman zwar um Rassismus, doch der Film selbst vertrat seiner Meinung nach keinen fremdenfeindlichen Standpunkt.

Keines der großen Studios in Hollywood wollte diesen Film ursprünglich produzieren. Bei der Premiere gab es Demonstrationen vor den Kinos, die Media Action Networks for Asia-Americans forderte den Verleih auf, im Vorspann zu erklären, dass der Film nicht die amerikanisch-japanische Wirklichkeit widerspiegele. Diese Proteste waren überzogen. Regisseur Philip Kaufman hatte die rassistischen Aspekte der Romanhandlung entschärft und im Film sogar den ursprünglichen Schluss geändert, was Autor Michael Crichton sehr verärgerte. Außerdem wurde der Computerexperte Michael Backes hinzugezogen, um die elektronischen Elemente der Story in den Vordergrund zu stellen. Herausgekommen ist schließlich ein glatter Thriller mit japanischen Geschäftsleuten und viel fernöstlichem Ambiente.

Bei einer Firmenfeier im Hochhaus des Nakamoto-Konzerns in Los Angeles wird eine nackte weibliche Leiche gefunden. Ein farbiger Beamter untersucht den Fall, unterstützt vom einzelgängerischen Kenner japanischer Kultur John Connor (Connery), der schicke Anzüge trägt und klangvolles Japanisch mit schottischem Akzent spricht. In Verdacht gerät der japanische Liebhaber des Mädchens, auf den Aufzeichnungen einer Sicherheitskamera hinweisen. Am Ende stellt sich heraus, dass die Videoaufnahmen manipuliert waren – damit erweist sich die Unschuld des Japaners.

»Egal, wie dramatisch, blutig oder böse die Ereignisse scheinen mögen – Humor sorgt für das nötige Gleichgewicht«, äußerte sich Connery zu dem Film. Es machte Spaß, mit Kollegen wie Tia Carrere und Harvey Keitel – er spielte einen Fremde hassenden Polizisten – zu arbeiten und wieder einmal in Los Angeles zu sein, wo man ihn noch immer als James Bond verehrte.

»Zweifellos hat Connery nie besser ausgesehen in einem Film der neunziger Jahre, machte er nie eine flottere Figur mit seiner silbernen Perücke, dem Bart und den schwarzen Anzügen, extra von Giorgio Armani für ihn geschneidert«, kommentierte Robert Sellers. Weniger freundlich fiel die Kritik des »Guardian« aus: »Einer dieser großen, glänzenden, teuren Hollywood-Thriller, die wirken wie von einem Komitee ausgedacht und nicht von einem einzelnen Filmemacher mit einer eigenen Vision.«

Anfang der achtziger Jahre erschien der Roman »A Good Man in Africa« des Schotten William Boyd. In der Verfilmung der amerikanisch-englischen Co-Produktion *A Good Man in Africa* (deutscher TV-Titel: *Der letzte Held aus Afrika,* 1993) spielte Connery Dr. Alex Murray – eine Rolle, die ihm auf den Leib geschrieben schien, wohl auch deshalb, weil der Doc ein leidenschaftlicher Golfspieler ist. Murray behandelt einen tumben jungen Diplomaten mit dem Namen Morgan Leafy, der sich eine Geschlechtskrankheit geholt hat, erpresst wird und auch in politischer Hinsicht ständig den Überblick verliert.

Der letzte Held aus Afrika

Connery verlangte vom Drehbuch, dass er als Doktor die Probleme mit bösartigem Humor zu behandeln hat und vom Golfspielen geradezu besessen ist. Vermutlich hat er die Rolle auch deshalb übernommen, weil er den Autor kannte und schätzte und er von den Regiekünsten von Bruce Beresford, der einen Oscar für *Miss Daisy und ihr Chauffeur* (*Driving Miss Daisy,* 1990)

gewann, überzeugt war. Der Film war neben Connery mit den Stars Diana Rigg und John Lithgow ausgezeichnet besetzt, trotzdem wurde die Sittenkomödie über politische Korruption und sexuelle Wirren auf dem Schwarzen Kontinent kein Erfolg an der Kinokasse.

Gedreht wurde das Opus im Frühjahr 1993 in der Gegend um Johannesburg, als sich das Land gerade in einen politischen Hexenkessel zu verwandeln begann. Die Dreharbeiten dauerten zehn Wochen, doch Connery war froh, bald wieder wegzukommen. Er spielte nicht die Hauptrolle in dem Film, der von der Werbung folgendermaßen angekündigt wurde: »Tief im Herzen Afrikas praktizieren die Briten bizarre Rituale. Sie nennen es Diplomatie.« Dass man anfangs beim deutschen Concorde-Verleih annahm, der Film könnte einen Oscar gewinnen, war ein Witz, aber immerhin ist der Streifen unterhaltsam. »Selbst Connery kann den Absturz des Films in die Niederungen der trivialen Farce nicht verhindern«, schrieb der »Evening Standard«. Allerdings entstand der Eindruck, dass Connery in den neunziger Jahren seine Rollen häufig danach auswählte, ob er nebenbei ein Turnier gewinnen konnte oder zumindest in der Filmrolle eine Partie Golf vorgesehen war.

Im Sumpf des Verbrechens

Connerys nächster Film, *Im Sumpf des Verbrechens (Just Cause,* 1995), entstand im Sommer 1994 an verschiedenen Orten in Florida, in Bonita Springs, Copeland, Miami und in den unwegsamen Sümpfen der Everglades. Ranger mit schussbereiten Waffen standen am Drehort, um die Schauspieler vor möglichen Angriffen von Alligatoren zu schützen, den Hauptbewohnern der Everglades. Für eine Autoverfolgungsjagd mussten eine Brücke und ein Highway sechs Nächte lang gesperrt werden.

Die Story: Ein Farbiger wird des Mordes an einem kleinen Mädchen angeklagt, und der berühmte Harvard-Juraprofessor und Gegner der Todesstrafe Paul Armstrong (Connery) rettet den

Linke Seite: Als Gegner der Todesstrafe in »Im Sumpf des Verbrechens«

Mann vor dem elektrischen Stuhl. Ausgestattet mit Panama-Hut und weißem Bart, macht Armstrong einen verwirrten Eindruck als Fremder aus der Großstadt, den seine Frau überreden musste, den Fall zu übernehmen. Der Familienvater und etwas weltfremde Gelehrte stößt bei den ermittelnden Südstaaten-Cops auf taube Ohren, und am Ende entpuppt sich der Farbige doch als Mörder, und mehr als das – er ist ein wahres Monster.

Der Thriller beginnt spannend und temporeich und verblüfft mit unerwarteten Wendungen, doch gegen Ende läuft die Story trotz einiger Knalleffekte in die falsche Richtung und nimmt an Einfällen und Spannung ab. Connerys Rolle sollte zuerst Dustin Hoffman spielen und dann Michael Douglas, doch da der Schotte gleichzeitig Produzent war, übernahm er auch die Hauptrolle. Ihm gefiel an dem Drehbuch, dass immer wieder Überraschendes geschieht und nichts so ist, wie es scheint. Und dass sich ein engagierter Gegner der Todesstrafe plötzlich in einer Situation wiederfindet, in der seine Überzeugungen ins Wanken geraten.

Ursprünglich plante Connery, den Film mit Regisseur Norman Jewison zu drehen, der sich mit zeitkritischen Dramen einen Namen gemacht hatte. Sein viel beachtetes Meisterwerk *In der Hitze der Nacht* (*In the Heat of the Night*, 1966) thematisierte Vorurteile und irrationalen Hass im Rassenkonflikt zwischen Schwarzen und Weißen. Doch Jewison machte Einwände gegen das Projekt geltend und war nicht bereit, den Film zu inszenieren. Die Regie übernahm dann Arne Glimcher.

Connery übersah einen entscheidenden Fehler des Scripts, das nach dem gleichnamigen Roman des ehemaligen Polizeireporters John Katzenbach entstanden war. Denn mit dem Schluss des Films bestätigte der Star fest zementierte Vorurteile, erhielt er Beifall von der falschen Seite. Es war eine vertane Chance, ein immer noch dringliches Thema anspruchsvoll aufzuarbeiten.

Zudem wimmelte es von Klischees: So gibt Ed Harris im Stil von *Das Schweigen der Lämmer* (*The Silence of the Lambs*, 1989) den bibelfesten, fanatischen Serienkiller, und der anfangs tapsige Professor entpuppt sich beim Showdown in den Sümpfen plötzlich als harter Kämpfer. Connery bewies keine glückliche Hand, wenn er einen Film in seiner eigenen Gesellschaft Fountainbridge Films produzierte.

Als der Film 1995 in die Kinos kam, lobte ihn die Kritik nicht gerade, er wurde als durchschnittlich bis dürftig eingestuft. Immerhin erhielt der Darsteller Sean Connery gute Noten. Das Magazin »Focus« schrieb: »Der weltmännisch überlegene Typus, den Connery seit den Bond-Tagen immer wieder verkörpert, zeichnet sich in der direkten Konfrontation mit Hinterwäldlern und deren schmutzigen Geheimnissen besonders deutlich ab.« Und »The Guardian« urteilte: »Ohne Connery wäre dieser ziemlich unlogische und zunehmend alberne Thriller ein Reinfall.«

König Artus und ein Drache

Wenn Connery in aufwändigen Kostümfilmen große Gestalten aus der Historie verkörperte, machte er dabei meistens eine blendende Figur. Der nächste Film dieses Genres hieß *Der 1. Ritter* (*First Knight,* 1995), die Dreharbeiten begannen unmittelbar nach den letzten Szenen zu *Sumpf des Verbrechens.* Schauplätze waren diesmal die prächtigen Wälder und Landschaften in Wales, der Rest entstand in den Londoner Pinewood-Studios. Connery hatte gerade zweieinhalb Wochen Zeit, sich einen königlichen Bart wachsen zu lassen.

Die Saga über Britanniens ersten christlichen König und seine »Ritter der Tafelrunde« ist schon mehrmals verfilmt worden. Die romantischste Version war wohl die von 1953 mit Robert Taylor und Ava Gardner, die bildmächtigste schuf John Boorman 1981 mit *Excalibur.* Regisseur und Drehbuchautor Jerry Zucker war nun auf der Suche nach einem adäquaten Artus-Darsteller, und als Connery zusagte, betrachtete er den Erfolg seines Films als gesichert.

Die Grafschaft Leonesse im frühen Mittelalter: ein friedliches Bild dörflichen Lebens. In der ersten Einstellung sieht man den dunkelhaarigen Schönling Lanzelot (Richard Gere) seine

Der 1. Ritter

Schwertkunststücke vorführen, dann fallen die Ritterhorden des Prinzen Malagant in die Idylle ein und verwüsten das Dorf. Die junge Fürstin Lady Ginevra (Julia Ormond) gibt bekannt, dass sie nun König Artus von Camelot heiraten wird, doch auf dem Weg zu ihm wird sie von Malagants Häschern geraubt und anschließend von Lanzelot wieder befreit.

Diese Exposition führt in ein wildes Ritterdrama um Artus und seine »Ritter der Tafelrunde« ein, eine verschworene Gemeinschaft, »von Bruder zu Bruder der Eure, bis in den Tod«. Nur einer schert aus, der machtbesessene Malagant, der selbst gern König wäre und Artus das Leben schwer macht.

Camelot ist die goldene Stadt, sie leuchtet auf wie ein Märchenschloss, ein Ort der Gemeinschaft. Als Ginevra dort ankommt, wird sie mit einem Freudenfeuer aus Fackeln empfangen. Lanzelot ist ein Einzelkämpfer, ein unabhängiger Geist, der nichts fürchtet, nicht mal den Tod. Artus zu Lanzelot: »Wenn Ihr nichts fürchtet, liebt Ihr auch nichts!« Doch Lanzelots Liebe gehört insgeheim der Frau, die nicht für ihn bestimmt ist, die unerreichbar für ihn scheint: der Königin. Malagant dagegen ist ein Bösewicht wie aus dem Bilderbuch, mit finster funkelnden Augen, höhnischem Mund und schwerem Schritt.

Der 1. Ritter erzählt mit viel Schwertergeklirr eine romantische Dreiecksgeschichte um Liebe, Verrat und Hass. Denn es lohnt sich, um die zarte Ginevra zu kämpfen, sie ist klug, mutig und stolz. Malagant begehrt sie als Faustpfand, Lanzelot, weil er sie liebt, und Artus, weil er König ist. Bis zum schaurig-pathetischen Ende geben die Helden Mutproben, geraten in Hinterhalte, und es werden Schlachten geschlagen. Connery als Artus ist eine hehre Gestalt, gerecht und edelmütig, aber hart wie das Gesetz und manchmal mit einem trotzigen Zug um die Mundwinkel wie ein kleiner Junge.

Camelot entstand für diese »Hommage an den Ritterfilm der fünfziger Jahre (»Der Spiegel«) auf nebligen Waliser Wiesen. Für die teure Mammutproduktion wurden achthundert Statisten, zweihundert Pferde und dreihundert Ritterrüstungen benötigt.

Die Dreharbeiten dieses farbenprächtigen Genrefilms zogen sich vier Monate hin, und Connery war froh, dass Richard Gere die meisten Kampfszenen übernahm. Julia Ormond über Connery: »Ich habe nicht erwartet, dass er so unterhaltsam ist. In meiner Kindheit war er mein liebster Bond. Dann triffst du ihn persönlich, und er ... ist sehr liebenswürdig.« »Connerys unerbittlicher Patrizier König Artus ist ein alter Fels, der an Ironie und Weisheit gewinnt«, urteilte die »Financial Times« und schloss ihre Kritik mit dem Satz, dass der Star nun das »goldene Zeitalter des Films repräsentiere«.

Anschließend begab sich der Schotte unter die Märchenfiguren. In dem Fantasystreifen *Dragonheart* (1996) ist Connery nicht in persona zu sehen. Er hat dem Drachen Draco nur seine Stimme geliehen und sein Gesicht, das nach früheren Filmen speziell tricktechnisch modelliert wurde: Draco ist eine Meisterleistung des Computer-Designs, ein großer Teil des Budgets wanderte in seine Kreation. Connery: »Draco ist ein bisschen wie ein Kind, riesig groß, speit Feuer und fliegt wie eine Concorde.«

Richard Gere, Sean Connery und Julia Ormond in »Der 1. Ritter«

Dragonheart

Mit Nicolas Cage in »The Rock – Fels der Entscheidung«

Die Kritik war beeindruckt. Die Hauptrolle hatte zwar Dennis Quaid, doch die »Washington Post« urteilte: »*Dragonheart* ist Connerys Film. Es ist schon schwer genug, ihn in Fleisch und Blut zu übertreffen, aber absolut unmöglich, wenn der Schauspieler zu einem fünf Meter hohen und dreizehn Meter langen Drachen wird.«

Sean Connery zählt ohne Zweifel zu den Workaholics unter den Stars. Auch in den neunziger Jahren gönnte er sich kaum eine Pause und drehte einen Film nach dem anderen. *The Rock – Fels der Entscheidung* (*The Rock*, 1996) spielt auf der berüchtigten Zuchthausinsel Alcatraz, einem Ort, der schon häufig Schauplatz von Actionfilmen war. Diesmal wurde dort aber nicht aus-, sondern eingebrochen.

The Rock Der amerikanische Marine-General und Gerechtigkeitsfanatiker Frank Hummel fordert Entschädigung für den Einsatz seiner Marines in Vietnam. Um seine Forderung an die Regierung durchzusetzen, hat er die Insel mit einer Gruppe Gleichgesinnter besetzt, hält die Besucher als Geiseln und droht, Giftgasraketen auf San Francisco abzufeuern. Der ehemalige Geheimagent Mason (Connery), der schon ein halbes Leben lang im Knast sitzt, ist der Einzige, der angeblich jemals aus Alcatraz entkommen konnte. Nun versucht die Antiterrortruppe, Mason zu gewinnen, da er den Zugang kennt, durch den man unbemerkt auf die Insel gelangen kann.

Der Mann wird aus dem Gefängnis geholt und für den Auftrag präpariert. Mit seinen silbergrauen Haarsträhnen wirkt er wie ein Althippie, der sich kaum auf den Beinen halten kann. Unter sarkastischen Sprüchen lässt er sich neu einkleiden und einen frischen Haarschnitt verpassen. Dann gelingt ihm die Flucht, und es kommt zu einer verrückten Auto-Verfolgungsjagd auf den hügeligen Straßen von San Francisco, die die berühmte Raserei aus dem Film *Bullitt* (1968) glatt in den Schatten stellt. Ein Cable Car, ein Dutzend Limousinen, Sport- und Polizeiwagen gehen zu Bruch. Der Flüchtige wird gestellt, und nun dringt die Spezialtruppe mit Mason, verstärkt durch den Giftgas-Fachmann Godspeed (Nicolas Cage) unter Wasser nach Alcatraz vor.

Connery spielt den britischen Ex-Geheimdienstmann, der ohne Verurteilung »länger als Nelson Mandela« im Gefängnis saß, weil er eine Kassette mit amerikanischen Staatsgeheimnissen aus der Zeit von FBI-Chef J. Edgar Hoover nicht herausrückt, bravourös und mit jugendlichem Elan. Der packende Thriller ist ein Reißer der neuen Crash-Generation, mit blauem Licht, Waffenfetischismus und Explosionen wie vom Fließband.

Gedreht wurde tatsächlich auf Alcatraz. Der Film bringt witzige Anspielungen auf Connerys Vergangenheit. Auf eine Frage von Nicolas Cage antwortet er: »Ich hatte eine hervorragende Ausbildung beim britischen Geheimdienst, aber rückblickend wäre ich lieber Dichter oder Bauer geworden.«

The Rock – Fels der Entscheidung spielte weltweit dreihundertdreißig Millionen Dollar ein und wurde neben den James-Bond-Abenteuern und *Indiana Jones* einer der erfolgreichsten Filme des Stars. »Zweifellos der gemeinste, härteste Hurensohn, den Connery jemals gespielt hat, ist Mason bereits über das Pensionsalter hinaus, aber erfolgreich dabei, halb so alte Marines zusammenzuprügeln«, kommentierte Robert Sellers.

Mit Schirm, Charme und Melone

Nach *The Rock – Fels der Entscheidung* gestattete sich das Arbeitstier Connery eine zweijährige Drehpause, ehe er sich auf ein Projekt einließ, von dem er später selbst meinte, dass er besser die Finger davon gelassen hätte. Als *Mit Schirm, Charme und Melone* (*The Avengers*, 1998) fertig war, hätte er am liebsten den Regisseur erschossen.

Der Film entstand nach der gleichnamigen TV-Serie, die in den sechziger Jahren ironisch-spritzig den Zeitgeist atmete, nebenbei James Bond parodierte und weltweit ein Riesenhit wurde. Connery lehnte zuerst ab, und erst als der Produzent Jerry Weinlaub zu ihm nach Marbella flog, gelang es ihm, den Schauspieler zur Mitwirkung zu überreden.

Connery spielt den schrulligen Bösewicht de Wynter, der von einem Schloss aus die Nationen erpresst, indem er Blitze, Schneegestöber und Hurrikane gegen das britische Empire schleudern lässt.

Gedreht wurde in England, in den Pinewood-Studios und in der eleganten Regent Street. In den Sheperton-Studios entstand ein Nachbau des Trafalgar Square. Der Aufwand für die Special-effects war, gemessen am mageren Einspielergebnis, gewaltig.

Die Crew des Films war von ausgesuchter Qualität, ursprünglich war auch Mel Gibson im Gespräch, doch an seine Stelle trat dann Ralph Fiennes, und auch die weibliche Hauptrolle war mit Uma Thurman gut besetzt. Connerys Held geriet diesmal zu eindimensional – eine sterile Comic-Figur –, und ihm fehlte der augenzwinkernde Witz, der seine Schurken sonst charakterisiert. »Ein trotz der akzeptablen Besetzung der Hauptrollen fehlinszenierter Film, dem es für

»Mit Schirm, Charme und Melone«

eine Satire an Leichtigkeit und für einen Actionfilm an Einfällen mangelt«, urteilte »Zoom«.

Nach dem mega-teuren Flop *Mit Schirm,* **Die Architektur der Liebe**
Charme und Melone widmete Connery sich
einer kleinen Tragikomödie mit dem Titel *Leben und Lieben in L. A.* (*Playing by Heart*, 1998). Das romantische Liebesspiel, nicht ohne Anspruch und tiefere Bedeutung, des Autors Willard Carroll, der auch die Regie übernahm, führt elf Personen mit ihren Lebenssituationen vor, die am Ende um einen Mittelpunkt kreisen, und erinnert an Arthur Schnitzlers mehrfach verfilmtes Theaterstück *Der Reigen.*

Angelina Jolie, Sean Connery und Gena Rowlands in »Leben und Lieben in L.A.«

Paul (Sean Connery) ist ein Leben lang mit Hannah (Gena Rowlands) verheiratet, doch wegen einer weit zurückliegenden Affäre droht die »Architektur ihrer Liebe« plötzlich einzustürzen. Paul muss bellen wie ein Hund und auch sonst alle möglichen Kunststücke vollführen, um Hannah zu besänftigen. Dann sagt er diesen weisen Satz: »Durch die Liebe zu einer anderen liebte ich dich nur noch mehr«, und alles wendet sich zum Guten.

Mit jeder Sequenz kommt eine neue Figur ins Spiel, bis sich die Geschichten allmählich in einem dichten Netz ineinander verweben. Das verwöhnte Partygirl Joan kann ihren Disco-Schwarm nicht beeindrucken, obwohl sonst jeder Typ auf sie fliegt. Grace reduziert ihre Beziehung zu Roger auf puren Hotelsex, Hugh erzählt jeder neuen Frau groteske Details über sein angeblich verpfuschtes Liebesleben. Mildred erfährt erst an seinem Todesbett, dass ihr Sohn schwul ist und Aids hat. Subtile Spannung entsteht dadurch, dass lange offen bleibt, ob die Paare an ihren herzzerreißenden Konflikten zerbrechen oder einen Ausweg finden werden.

Connery als Paul ist forsch, aufrecht, gütig, weise, ein Fels in der Brandung, immer Herr der Lage und der große Übervater der Familie. Sein vor Vitalität knisterndes Zusammenspiel mit Gena Rowlands ist beeindruckend. »Connery und Rowlands sind ein so spektakuläres Paar, dass man schon nach den ersten Lesungen glauben konnte, sie seien seit vierzig Jahren miteinander verheiratet, obwohl sie noch nie miteinander gearbeitet haben«, erklärte Willard Carroll. Die beiden Stars probten viel. »Als dann die Kamera lief, ging alles ganz leicht. Wir benötigten selten mehr als zwei Takes.« Der Regisseur wusste, dass Connery ständige Wiederholungen hasst.

Der Film entstand im Frühjahr 1998 in Los Angeles für einen geringen Etat von vierzehn Millionen Dollar. Weil er vom Drehbuch und der Story überzeugt war, gab sich Connery in diesem Fall mit einer bescheidenen Gage zufrieden. Die Komödie versammelt eine Reihe der aktuellsten Stars des Hollywood-Kinos, allen voran Oscar-Preisträgerin Angelina Jolie. Mit von der Partie waren außerdem Dennis Quaid, Madeleine Stowe und Gillian Anderson.

Der Film lief auf dem 49. Berliner Filmfestival im Februar 1999 im Wettbewerb. In die deutschen Kinos kam er erst im Sommer 2000. »Dass man all den Episoden, die nebeneinander herlaufen, miteinander korrespondieren, gerne zuschaut, liegt natürlich an dem großartigen Ensemble« (»Berliner Morgenpost«). Der »San Francisco Chronicle« bezeichnete den Film als »gefühlvoll, lustig und intelligent, und wunderschön ausgeführt. Die ideale romantische Tragikomödie für einen Winternachmittag.«

Früher arbeitete man bei einem Einbruch mit einem Schweißbrenner und ähnlich primitivem Gerät, heute geht das digital mit feinster Elektronik wie in dem Ganoven-Film *Verlockende Falle* (*Entrapment*, 1999), in dem Catherine Zeta-Jones als Connerys Komplizin gut im Geschäft ist.

Verlockende Falle

Um einen Rembrandt aus einem Wolkenkratzer zu klauen, seilt sich der Dieb vom Dach ab und öffnet von außen das Fenster, irgendwo im siebzigsten Stock. So beginnt der trickreiche Thriller, in dem der Meisterdieb und Kunstliebhaber »Mac« MacDougal (Connery) von der Versicherungsagentin »Gin« Virginia Baker (Zeta-Jones) von New York nach London und Schottland bis nach Kuala Lumpur verfolgt wird. Dort, in der Zentralbank von Malaysia, in dem mit vierhundertzweiundfünfzig Metern höchsten Gebäude der Welt, wollen sie in der Silvesternacht zum Jahr 2000 mit einem Computertrick ihren Milliardencoup landen. Und bis zum Ende bleibt offen, ob die beiden nun Kontrahenten oder Komplizen sind.

Originell ist der gemeinsame Raub einer chinesischen Maske aus einem Schloss, denn dabei muss Gin grazile, abstrakte Ballettübungen veranstalten, um die elektronischen Strahlen auszutricksen. Zu den grausamen Einfällen gehört die Regel Nummer eins, von Mac ausgegeben: keine private Beziehung in diesem knallharten Geschäft. Doch im Atmosphärischen, in feinen Gesten, Berührungen und Blicken, wird schnell deutlich, dass emotional und erotisch einiges in der Luft liegt, Diebesgut nicht alles bedeutet.

Mit Rob
Brown in
»Forrester –
Gefunden«

Die Story ist gespickt mit rasanter Action, die manchmal sogar die Bond-Filme übertrifft. Besonders artistisch sind die Turnübungen an den beiden gewaltigen Türmen der Twin Petronas Towers in Kuala Lumpur. Connery gefiel die Story, die auf einem kurzen Text des Autors Ron Bass basiert: »Ein spannender Stoff, mit einer reizvollen Romanze ... Zunächst ist Mac nur ein Einzelgänger. Er schätzt die Schönheit und die Kunst ... Das Einzige, was er nicht kommen sieht, ist diese Frau.«

Der Film entstand im Sommer 1998 in fünfzehnwöchiger Drehzeit in England, Schottland, New York und Malaysia. Zauberhaft und uralt romantisch ist das schottische Schloss Duart, das Connery angeblich nach den Dreharbeiten gekauft haben soll. »Ein irre teurer Film, in dem Witz, Romantik, Eleganz – eben alles – auf dem Altar von Gigantismus, Klischees und Über-Action geopfert werden«, urteilte die »Chicago Tribune«. Weniger streng war die deutsche Kritik. Das gewitzte Spiel um List und Täuschung habe Regisseur Jon Amiel »mit leichter Hand als überaus sinnliche Choreografie inszeniert, und er kann sich dabei ganz auf die Chemie zwischen Sean Connery und Catherine Zeta-Jones verlassen« (TIP).

Forrester –
Gefunden

Im April 2000 begann Sean Connery in Toronto und New York mit den Dreharbeiten zu seinem neuesten Film *Forrester – Gefunden (Finding Forrester)*. Connery spielt hier den Schriftsteller William Forrester, eine schillernde Persönlichkeit, die vor vierzig

Jahren für ihren Roman mit dem Pulitzerpreis ausgezeichnet wurde. Seitdem hat jedoch niemand etwas von Forrester gehört. Er lebt in selbst gewählter Abgeschiedenheit. Bis eines Tages der sechzehnjährige Farbige Jamal Wallace (Rob Brown) bei ihm vor der Tür steht und den exzentrischen Dichter aus seiner Isolation reißt – es ist der Beginn einer wunderbaren Freundschaft.

Der Film ist ein Festival der Oscar-Gewinner. Regisseur Gus van Sant erhielt die Auszeichnung für *Good Will Hunting* (1997), Anna Pacquin für *Das Piano* (*The Piano*, 1992), F. Murray Abraham für *Amadeus*. Die Entdeckung ist der junge Rob Brown. »Wie Brando! Rob ist furchtlos«, schrieb der »New Yorker«. Produziert wurde der Film von Connerys Fountainbridge Films.

Und die Zukunft? Zu Beginn des neuen Jahrtausends gab **Sokrates** Connery auf einer Pressekonferenz in Athen bekannt, dass er in seinem nächsten Film Sokrates spielen werde. Mit dem griechischen Philosophen verbindet ihn zweifellos nicht nur das Alter.

Schon in den neunziger Jahren dachte Sean **Der Ritterschlag** daran, mit Micheline in seine Heimat zurückzukehren. Die Ausführung dieses Plans zog sich aber hin. Außer seiner Farm in Iowa besitzt der Schauspieler ein Haus in der Nähe von Nassau auf den Bahamas; sein Nachbar ist dort der Filmproduzent Kevin McClory, mit dem er seinen letzten Bond-Film *Sag niemals nie* gedreht hat. Connery besitzt außerdem ein Apartment in Los Angeles, in dem das Büro seiner Firma Fountainbridge Films untergebracht ist. 1999 hatte Sean Connery seinen Besitz bei Nizza und die Villa »Malibu« nahe Marbella verkauft. Sein spanisches Anwesen hatte ihm und seiner Familie jahrelang als Ort der Ruhe gedient, er empfing dort nur wenige Freunde. Der Ort hatte sich immer mehr in einen Touristen-Rummelplatz verwandelt, Bars und Diskotheken schossen aus dem Boden, vor deren Lärm niemand geschützt ist.

Im Juli 1999 nahm Connery an der Eröffnung des schottischen Parlaments teil. Er ist Ehrenmitglied der Scottish National Party.

2000 wurde für ihn ein Jahr der Ehrungen und Auszeichnungen. Am 28. August feierte er seinen siebzigsten Geburtstag. Aus diesem Anlass erfuhr Connery zahlreiche Elogen für seine Schauspielkunst und Huldigungen für sein Lebenswerk, und das internationale Fernsehen zeigte noch einmal seine alten James-Bond-Filme. Auch die »Süddeutsche Zeitung« ehrte ihn: »Man muss sich auch vor Augen halten, dass Connery eigentlich nichts für die Rolle des Agenten 007 prädestinierte. Aber mit animalischem Instinkt und Ausstrahlung stellte der Schotte den englischen Snob einfach vom Kopf auf die Füße.«

In Anbetracht des Dualismus zwischen Schotten und Engländern erscheint es als Ironie der Geschichte, dass ihn die englische Königin Elisabeth II. im gleichen Jahr zum Ritter schlug. Immerhin kämpfte Sir Sean Connery auf der Leinwand viele Jahre als »Geheimagent Seiner Majestät« in ihrem Auftrag. Der traditionsbewusste Kiltträger Sean Connery erschien zu dieser Zeremonie im Schottenrock.

Als er 1992 in einem Interview gefragt wurde: »Sie sind für viele ein Held. Können Sie damit etwas anfangen?«, antwortete er: »Verdammt wenig. Das sind für mich Männer wie mein Schauspielkollege John Gielgud, der Allerbeste unseres Fachs, oder Präsident Gorbatschow, den ich tief bewundere, weil er ein ganzes eingefahrenes System aus den Angeln gehoben hat. In diese Phalanx kann ich mich nicht einreihen.«

Sir Sean Connery wird das Zitat nachgesagt: »Ich verstehe die Frauen nicht, aber ich liebe sie.« Er ist seit über fünfundzwanzig Jahren mit seiner zweiten Ehefrau Micheline glücklich verheiratet. Die Connerys leben jetzt häufig auf den Bahamas. »Sean hasst es, über sich selbst zu reden. Er ist eben ein sehr privater Mensch«, sagte Micheline über ihren berühmten Ehemann, der gerne schottische Nationalgerichte kocht und an der Bar Whisky oder Wodka bevorzugt. Martinis, geschüttelt, nicht gerührt, überlässt er James Bond.

Filmografie

V: Verleih
R: Regie
B: Drehbuch
K: Kamera
M: Musik
D: Darsteller
sw: schwarzweiß

Sean Connery hat angeblich in zwei Filmen als Statist mitgewirkt, ehe er kleine Nebenrollen und später Hauptrollen übernahm. Die Filme hießen *Simon* (1953) unter der Regie von Peter Zadek und *Lilacs in the Spring* (1954).

Die blinde Spinne / No Road Back

GB 1956 – 83 Min. sw. – V: RKO-Radio. R: Montgomery Tully. B: Charles A. Leeds, Montgomery Tully. K: Lionel Banes. M: John Veale. D: Skip Homeier, Paul Carpenter, Patricia Dainton, Norman Wooland, Margaret Rawlings, Eleanor Summerfield, Alfie Bass, Sean Connery.

Eine blinde und taube Dame schießt wild um sich – und verstrickt sich in kriminelle Machenschaften. Winzige Nebenrolle für Connery.

Duell am Steuer / Hell Drivers

GB 1957 – 108 Min. sw. – V: Rank. R: Cy Endfield. B: John Kruse, Cy Endfield. K: Geoffrey Unsworth. M: Hubert Clifford. D: Stanley Baker, Herbert Lom, Peggy Cummings, Patrick McGoohan, William Hartnell, Wilfried Lawson, Sidney James, Jill Ireland, Alfie Bass.

Melodramatischer Action-Film aus dem Trucker-Milieu; der Film versammelte alle wichtigen Stars des britischen Kinos jener Tage. Sean Connery spielt den Lkw-Fahrer »Johnny«, wird aber auf der Besetzungsliste nicht aufgeführt.

Zwölf Sekunden bis zur Ewigkeit / Time Lock

GB 1957 – 73 Min. sw. – V: British Lion. R: Gerald Thomas. B: Peter Rogers, K: Peter Hennessy. M: Stanley Black. D. Robert Beatty, Betty McDowall, Vincent Winter, Lee Patterson, Sandra Francis, Alan Gifford, Robert Ayres, Jack Cunningham. (Sean Connery wurde nicht aufgeführt.)

Spannender Reißer um ein Kind, das versehentlich im Banktresor eingeschlossen wird. Connerys Rolle ist wieder sehr klein.

Operation Tiger / Action of the Tiger

GB 1957 – 93 Min. sw. – V: MGM. R: Terence Young. B: Robert Carson. K: Desmond Dickinson. M: Humphrey Searle. D: Van Johnson, Martine Carol, Herbert Lom, Gustavo Rocco, Tony Dawson, Anna Gerber, Yvonne Warren, Helen Haye, Sean Connery.

Spionage-Abenteuer mit Van Johnson als amerikanischem Kapitän, der politische Gefangene aus dem kommunistischen Albanien herausholt. Martine Carol überrascht mit einem Striptease, und Sean Connery mimt einen Matrosen in einem mäßigen Trivialfilm aus der Zeit des Kalten Krieges.

Herz ohne Hoffnung / Another Time, Another Place

GB 1958 – 95 Min. sw. – V: Paramount. R: Lewis Allen. B: Stanley Mann. K: Jack Hildyard. M: Douglas Gamley. D: Lana Turner, Barry Sullivan, Glynis Johns, Sean Connery, Sidney James, Terence Longdon, Doris Hare.

Connery als britischer Kriegsberichterstatter hat in London eine Affäre mit seiner amerikanischen Kollegin, stürzt jedoch nach der Hälfte des Films mit dem Flugzeug tödlich ab. Danach verläuft die Story im Sand.

Darby O'Gill and the Little People

USA 1959 – 90 Min. Farbe – V: Walt Disney.
R: Robert Stevenson. B: Lawrence Edward
Watkin. K: Winton C. Hoch. M: Oliver Wallace.
D: Albert Sharpe, Jimmy O'Dea, Janet Munro,
Sean Connery, Kieron Moore, Estelle Winwood,
Walter Fitzgerald, Dennis O'Dea, J. G. Devlin,
Jack McGowran.

Im Mittelpunkt der originellen Walt-Disney-Pro-
duktion steht ein irischer Hausmeister und Mär-
chenerzähler. Ein heiter-witziger Fantasy-Film
um Geld, Macht und Liebe mit erstaunlichen
Special Effects. Connery macht erstmals die
Filmwelt auf sich aufmerksam, ölt die Stimm-
bänder und singt aus voller Kehle. Der Song
»Pretty Irish Girl« ist 1959 auch als Single erschienen.

Tarzans größtes Abenteuer /
Tarzan's Greatest Adventure

GB 1959 – 80 Min. Farbe – V: Paramount.
R: John Guillermin. B: Bernie Giler, John
Guillermin. K: Skeets Kelly. M: Douglas
Gamley. D: Gordon Scott, Anthony Quayle,
Sara Shane, Sean Connery, Niall McGinnis,
Scilla Gabel, Al Mulock.

Der berühmte Wilde turnt im Dschungel hinter vier Bösewichtern her, die es auf eine Dia-
mantenmine abgesehen haben, einer davon ist
Connery.

Die Peitsche / The Frightened City

GB 1961 – 98 Min. Farbe – V: Anglo-Almaga-
mated. R: John Lemont. B: Leigh Vance.
K: Desmond Dickinson. M: Norrie Paramor.
D: Herbert Lom, John Gregson, Sean Connery,
Alfred Marks, Yvonne Romain, Olive
McFarland, Kenneth Griffiths.

Der konventionelle Gangsterfilm gibt den Blick
frei auf die Londoner Unterwelt, in der ein Mann
allein gegen das Syndikat antritt. Connery als
Fiesling.

On The Fiddle (USA: Operation Snafu)

GB 1961 – 97 Min. Farbe – V: Anglo-Amalga-
mated. R: Cyril Frankel. B: Harold Buchman.
K: Edward Scaife. M: Malcolm Arnold.
D: Alfred Lynch, Sean Connery, Cecil Parker,
Norman Rossington, Stanley Holloway, Wilfred
Hyde White.

Melodramatische Geschichte um zwei Kumpel,
die im Zweiten Weltkrieg als Helden wider Willen hervortreten. Hauptrolle für Connery.

Der längste Tag / The Longest Day

USA 1962 – 108 Min. Farbe – V: 20th Century
Fox. R: Ken Annakin, Andrew Marton, Bern-
hard Wicki, Darryl F. Zanuck. B: Cornelius
Ryan, Roman Gary, James Jones, David Pursall,
Jack Seddon. K: Jean Bourgoin, Henri Persin,
Walter Wottitz, Guy Tabary. D: Richard Burton,
Kenneth Moore, Peter Lawford, Richard Todd,
Norman Rossington, John Robinson, Patrick
Barr, John Wayne, Robert Mitchum, Henry
Fonda, Robert Ryan, Mel Ferrer, Jeffrey Hunter,
Sal Mineo, Roddy McDowall, Bourvil, Jean-
Louis Barrault, Christian Marquand, Arletty,
Madeleine Renaud, Georges Wilson, Fernand
Ledoux, Curd Jürgens. (Sean Connery wurde in
der Besetzungsliste nicht aufgeführt.)

Aufwändig inszenierter Kriegsfilm über die Lan-
dung der Alliierten in der Normandie.

007 jagt Dr. No / Dr. No

GB 1962 – 105 Min. Farbe – V: United Artists.
R: Terence Young. B: Richard Maibaum,
Johanna Harwood, Berkely Mather. K: Ted
Moore. M: Monty Norman. D: Sean Connery,
Ursula Andress, Joseph Wiseman, Jack Lord,
Anthony Dawson, John Kitzmiller, Zena
Marshall, Bernard Lee, Lois Maxwell, Eunice
Gayson, Lester Prendergast.

Der erste Film der James-Bond-Serie: Geheimagent 007 gelingt es, die Kommandozentrale des
besessenen Dr. No auf Crab Key in Jamaika auszuschalten. Der Finsterling, Sohn eines britischen Missionars und einer Chinesin, hat es auf
amerikanische Atomraketen abgesehen.

**Liebesgrüße aus Moskau /
From Russia with Love**

GB 1963 – 115 Min. Farbe – V: United Artists.
R: Terence Young. B: Richard Maibaum und
Johanna Harwood nach dem Roman von Ian
Fleming. K: Ted Moore. M: John Barry.
D: Sean Connery, Daniela Bianchi, Pedro
Armendariz, Lotte Lenya, Robert Shaw,
Bernard Lee, Eunice Gayson, Walter Gotell,
Francis de Wolff, George Pastell, Nadja Regin,
Lois Maxwell, Aliza Gur.

Bond fliegt nach Istanbul, um eine Dechiffriermaschine für den englischen Geheimdienst zu
erbeuten; die blonde russische Agentin Tatjana
Romanova wird von der Geheimorganisation
SPECTRE auf 007 angesetzt, um ihn abzulen-
ken, denn man will Engländer und Russen gegeneinander ausspielen. Symbol dafür ist ein
siamesischer Kampffisch. Bis zum siegreichen
Happy End muss Bond drei Erzfeinde ausschal-
ten und Schnellboote in Brand schießen.

Die Strohpuppe / Woman of Straw

GB 1964 – 117 Min. Farbe – V: United Artists.
R: Basil Dearden. B: Robert Muller, Stanley
Mann, Michael Ralph nach dem Roman von
Catherine Arley. K: Otto Heller. M: Muir
Mathieson. D: Gina Lollobrigida, Sean
Connery, Ralph Richardson, Johnny Sekka,
Laurence Hardy, Danny Daniels, A.J. Brown,
Peter Madden, Alexander Knox.

Gina Lollobrigida pflegt einen todkranken Millionär auf seiner Yacht und lässt sich von ihm
heiraten; dann stirbt er überraschend. In dem
raffiniert eingefädelten Erbschleichermelodram
ist Connery der zwielichtige Neffe; subtile Psy-
chohorror-Effekte.

Marnie / Marnie

USA 1964 – 130 Min. Farbe – V: Rank. R: Al-
fred Hitchcock. B: Jay Presson Allen nach dem
Roman von Winston Graham. K: Robert Burks.
M: Bernard Herrmann. D: Sean Connery, Tippi
Hedren, Diane Baker, Martin Gabel, Louise La-
tham, Bob Sweeney, Alan Napier, Bruce Dern.

Sean Connery als reicher Geschäftsmann aus
Philadelphia ist auf die Kleptomanin Marnie ver-
sessen, doch die eiskalte, frigide Blondine gibt
ihm Rätsel auf. Die raffinierte Farbdramaturgie
fungiert als Spiegel seelischer Konflikte in einer
Geschichte um eine fetischistische Liebe.

Goldfinger / Goldfinger

GB 1964 – 109 Min. Farbe – V: United Artists.
R: Guy Hamilton. B: Richard Maibaum, Paul
Dehn nach einem Roman von Ian Fleming.
K: Ted Moore. M: John Barry. D: Sean Connery,
Honor Blackman, Gert Fröbe, Shirley Eaton,
Tania Mallet, Harold Sakata, Bernard Lee,
Martin Benson, Cec Linder, Austin Willis, Lois
Maxwell, Bill Nagy, Alf Joint, Nadja Regin.

Der Widersacher von James Bond ist diesmal der
kalt lächelnde Gert Fröbe als Auric Goldfinger,
Boss einer mit rotchinesischen Agenten besetz-
ten Verbrecherorganisation. Er versucht, die
Goldreserven der Amerikaner aus Fort Knox zu
stehlen. Bond vollbringt Wunderdinge mit seinem berühmten Aston Martin DB 5, und als er
die Pilotin Pussy Galore für sich gewinnen kann,
ist der Kampf praktisch entschieden.

Ein Haufen toller Hunde / The Hill

GB 1965 – 123 Min. Farbe – V: MGM. R: Sidney
Lumet. B: Ray Rigby. K: Oswald Morris.
M: Art Noel, Don Pelosi. D: Sean Connery,
Michael Redgrave, Ian Bannen, Ian Hendry,
Harry Andrews, Ossie Davis, Alfred Lynch, Roy
Kinnear, Jack Watson, Norman Bird, Neil
McCarthy, Howard Goorney, Tony Caunter.

In einem Militär-Straflager in Nordafrika werden die Soldaten in sadistischer Weise gequält
und immer wieder in voller Montur sinnlos einen Hügel hoch gejagt. Packendes Drama aus
dem Zweiten Weltkrieg um die Motive Pflicht,
Widerstand, Gehorsam. Erste Charakterrolle für
Connery. Der Film lief als britischer Beitrag auf
dem Filmfestival 1965 in Cannes.

Feuerball / Thunderball

GB 1965 – 130 Min. Farbe – V: United Artists.

R: Terence Young. B: Richard Maibaum. K: Ted Moore. M: John Barry. D: Sean Connery, Claudine Auger, Adolfo Celi, Luciana Paluzzi, Molly Peters, Bernard Lee, Lois Maxwell, Rik van Nutter, Desmond Llewelyn.

James Bond erhält den Auftrag, der Organisation SPECTRE auf den Bahamas zwei den Briten geraubte Atomraketen wieder abzujagen. Seine weibliche Gegenspielerin ist die gefährliche Schönheit Domino, gespielt von der ehemaligen Miss France Claudine Auger, die von Bösewicht Largo zu ihm überläuft, der Liebe wegen. Atemberaubende Unterwasserkämpfe im Finale.

Simson ist nicht zu schlagen/ A Fine Madness

USA 1966 – 104 Min. Farbe – V: Warner/Pathé. R: Irvin Kershner. B: Elliott Baker nach seinem Roman. K: Ted McCord. M: John Addison. D: Sean Connery, Joan Woodward, Jean Seberg, Patrick O'Neal, Colleen Dewhurst, Clive Revill, Werner Peters, John Fiedler, Kay Medford, Jackie Coogan, Zahra Lampert, Sue Anne Langdon.

Das wüste Leben und Streben des Dichtergenies und Wüstlings Shillitoe, verkörpert durch Sean Connery. Ein prickelnder Wahnsinn – satirisches Porträt eines Außenseiters der Gesellschaft, manchmal unfreiwillig komisch.

Man lebt nur zweimal/You Only Live Twice

GB 1967 – 116 Min. Farbe – V: United Artists. R: Lewis Gilbert. B: Roald Dahl nach einem Roman von Ian Fleming. K: Freddie Young. M: John Barry. D: Sean Connery, Akiko Wakabayashi, Tetsuro Tamba, Mie Hama, Teru Shimada, Karin Dor, Lois Maxwell, Desmond Llewelyn, Charles Gray, Tsai Chin, Bernard Lee, Donald Pleasence, Alexander Knox, Robert Hutton, Burt Kwouk.

Die Terrororganisation SPECTRE versucht durch den Diebstahl von russischen und amerikanischen Raumschiffen die Weltmächte gegeneinander aufzuhetzen. Bond liebt zierliche Japa-

nerinnen, vollbringt Wunder mit seinem Mini-Hubschrauber »Little Nellie«, kämpft in Karate-Manier und mit den üblichen Geheimwaffen.

Shalako/Shalako

GB 1968 – 113 Min. Farbe. V: Warner/Pathé. R: Edward Dmytryk. B: J.J. Griffith, Hal Hopper, Scot Finch. K: Ted Moore. M: Robert Farnon. D: Sean Connery, Brigitte Bardot, Stephen Boyd, Jack Hawkins, Peter van Eyck, Honor Blackman, Woody Strode, Eric Sykes, Alexander Knox, Valerie French, Julian Mateos, Donald Barry.

Eine europäische Jagdgesellschaft dringt 1880 in New Mexico in ein Reservat der Apachen ein. Connery als Trapper in seinem einzigen Western gewinnt nach einem Gemetzel am Ende das Herz der rassigen Brigitte Bardot.

Verflucht bis zum jüngsten Tag/ The Molly Maguires

USA 1969 – 105 Min. Farbe – V: CIC. R: Martin Ritt. B: Walter Bernstein. K: James Wong Howe. M: Henry Mancini. D: Sean Connery. Richard Harris, Samantha Eggar, Frank Finlay, Anthony Zerbe, Bethel Leslie, Art Lund, Anthony Costello.

Der Kampf der Grubenarbeiter 1876 in Pennsylvania um bessere Arbeitsbedingungen wird brutal unterdrückt; Connery als Anführer der Ausgebeuteten. »Wir gewannen Sean zum richtigen Zeitpunkt. Er war müde von den Bond-Filmen und wollte etwas Ernsthaftes spielen« (Drehbuchautor Walter Bernstein).

Das rote Zelt/The Red Tent

UdSSR 1969 – 121 Min. Farbe – V: CIC. R: Michail Katalosow. B: Ennio De Concini und Richard Adams. K: Leonid Kalaschnikow. M: Ennio Morricone. D: Peter Finch, Sean Connery, Claudia Cardinale, Hardy Krüger, Mario Adorf, Massimo Girotti, Luigi Vannucchi, Edward Marzevic, Boris Kmelnizki.

Die 1928 gestartete Polarexpedition des italienischen Generals Nobile endete mit einem Desaster. Erregende Szenen in Eis und Schnee beim Kampf ums Überleben. Connery spielt den norwegischen Polarforscher Roald Amundsen.

Der Anderson-Clan / The Anderson Tapes

USA 1971 – 95 Min. Farbe – V: Columbia-Warner. R: Sidney Lumet. B: Frank R. Pierson. K: Arthur J. Ornitz. M: Quincy Jones. D: Sean Connery, Dyan Cannon, Martin Balsam, Ralph Meeker, Alan King, Christopher Walken, Val Avery, Dick Williams, Garett Morris, Stan Gottlieb, Paul Benjamin, Anthony Holland.

Mitreißender Gangsterfilm um die Planung eines großen Coups, eines von Spezialisten inszenierten Einbruchunternehmens. Kopf des Clans ist der Ex-Häftling und Safeknacker Connery in der Titelrolle als Anderson.

Diamantenfieber / Diamonds Are Forever

GB 1971 – 112 Min. Farbe – V: United Artists. R: Guy Hamilton. B: Richard Maibaum, Tom Mankiewicz nach einem Roman von Ian Fleming. K: Ted Moore. M: John Barry. D: Sean Connery, Jill St. John, Charles Gray, Lana Wood, Jimmy Dean, Bruce Cabot, Putter Smith, Bruce Glover, Norman Burton, Joseph Furst, Bernard Lee, Desmond Llewelyn, Lois Maxwell, Margaret Lacey.

Afrikanische Diamantenschmuggler sind nur ein Vorwand für die kriminelle Organisation SPECTRE, die in Wahrheit die kostbaren Steine für Laserstrahlen benötigt, um das US-Weltraumprogramm unter Kontrolle zu bekommen. Bond kämpft in Las Vegas, Afrika und England gegen Schmuggler und Killer und mehrere Doubles seines Erzfeindes Blofeld.

Sein Leben in meiner Gewalt / The Offence

GB 1972 – 112 Min. Farbe – V: United Artists. R: Sidney Lumet. B: John Hopkins nach seinem Bühnenstück. K: Gerry Fisher. M: Harrison Birtwhistle. D: Sean Connery, Trevor Howard, Vivien Merchant, Ian Bannen, Derek Newark, John Hallam, Peter Bowles, Ronald Radd.

Connery in einer Glanzrolle als fanatischer Polizist tötet einen Sittlichkeitsverbrecher im Affekt und muss sich einem Untersuchungsausschuss stellen.

Zardoz / Zardoz

GB 1974 – 105 Min. Farbe – V: Fox/Rank. R, B: John Boorman. K: Geoffrey Unsworth. M: David Munrow. D: Sean Connery, Charlotte Rampling, Sara Kestleman, Sally Anne Newton, John Alderton, Niall Buggy, Bosco Hogan, Jessica Swift, Bairbre Dowling.

Im Jahr 2293 zerfällt die Erde ins Reich der Barbaren und der Unsterblichen, die auf »Vortex« leben. Der Barbar Zed dringt dort ein und erlöst die degenerierten Bewohner. Vital-kraftvolle Darstellung Connerys in einem mythologisch überladenen Science-Fiction-Drama.

Die Uhr läuft ab / Ransom

GB 1974 – 94 Min. Farbe – V: British Lion / Constantin. R: Casper Wrede. B: Paul Wheeler. K: Sven Nykvist. M: Jerry Goldsmith. D: Sean Connery, Ian McShane, Norman Bristow, John Cording, Isabel Dean, William Fox, Richard Hampton, Robert Harris, Harry Landis.

Mäßig spannendes Geiseldrama um eine Flugzeugentführung in Schweden. »Connery sah alt und müde aus, als hätte er alles satt.« (»Sun«)

Mord im Orient-Express / Murder on the Orient Express

GB 1974 – 127 Min. Farbe – V: EMI. R: Sidney Lumet. B: Paul Dehn nach einem Roman von Agatha Christie. K: Geoffrey Unsworth. M: Richard Rodney Bennett. D: Albert Finnay, Lauren Bacall, Martin Balsam, Ingrid Bergman, Jacqueline Bisset, Jean-Pierre Cassel, Sean Connery, John Gielgud, Anthony Perkins, Vanessa Redgrave, Richard Widmark, Michael York, Colin Blakely.

Großes Staraufgebot im Orient-Express, der auf freier Strecke im Schnee steckenbleibt. Brillant-ironischer Agatha-Christie-Krimi. Connery ist einer der üblichen Verdächtigen.

Der Wind und der Löwe /
The Wind and the Lion

USA 1975 – 119 Min. Farbe – V: Columbia /
Warner. R, B: John Milius. K: Billy Williams.
M: Jerry Goldsmith. D: Sean Connery, Candice
Bergen, Brian Keith, John Huston, Geoffrey
Lewis, Steve Kanaly, Roy Jenson, Vladek
Sheybal, Darrell Fetty, Nadim Sawalha.

Exotische Entführerstory: Im Jahr 1904 wird in
Tanger eine Amerikanerin gekidnappt. Bom-
bastisch aufgezogenes Abenteuer mit Connery
als arabischem Scheich El Raisuli, mit Turban,
Krummsäbel und der stolzen Noblesse des Wüs-
tenkriegers. Eine der schönsten Heldenfiguren
aus dem Repertoire des Superstars.

Der Mann, der König sein wollte /
The Man Who Would Be King

GB 1975 – 129 Min. Farbe – V: Columbia /
Warner. R: John Huston. B: John Huston und
Gladys Hill nach einer Kurzgeschichte von
Rudyard Kipling. K: Oswald Morris.
M: Maurice Jarre. D: Sean Connery, Michael
Caine, Christopher Plummer, Saeed Jaffrey,
Koroum Ben Bouih, Jack May, Doghmi Larbi,
Shakira Caine.

Zwei Unteroffiziere der britischen Indienarmee
desertieren und gründen in Kafiristan ein neues
märchenhaftes Reich. Die Eingeborenen halten
Connery in seinem Hochmut für einen Gott in
dieser exotischen Burleske, die von der Kritik
hoch gelobt wurde. »Time« setzte den Streifen
auf die Liste der zehn besten Filme des Jahrzehnts.

Robin und Marian / Robin and Marian

USA 1976 – 107 Min. Farbe – V: Columbia /
Warner. R: Richard Lester. B: James Goldman.
K: David Watkin. M: John Barry. D: Sean
Connery, Audrey Hepburn, Robert Shaw,
Richard Harris, Nicol Williamson, Denholm
Elliott, Kenneth Haigh, Ronnie Barker, Ian
Holm, Bill Maynard, Esmond Knight, Veronica
Quilligan.

Connery als Robin Hood ist kein forscher Draufgänger, sondern ein müder Held, der nach
achtzehn verschwendeten Jahren in der Fremde noch einmal nach Sherwood Forest zurück-
kehrt. Maid Marian versucht vergeblich, ihn von
einem erneuten Zweikampf mit dem Sheriff von
Nottingham abzubringen. Dann schlagen die
Recken mit Schwertern aufeinander ein – bis
zum ironisch bitteren Ende. Der ungewöhn-
lichste aller Robin-Hood-Filme.

The Next Man (deutscher Videotitel: Öl)

USA 1976 – 108 Min. Farbe – V: Harris Films.
R: Richard C. Sarafian. B: Mort Fine, Alan R.
Trustman, David M. Wolf, Richard C. Sarafian.
K: Michael Chapman. M: Michael Kamen.
D: Sean Connery, Cornelia Sharpe, Albert Paul-
sen, Adolfo Celi, Marco St. John, Ted Beniades,
Charles Cioffi, Jaime Sanchez, James Bullett,
Salem Ludwig, Roger Omar Serbagi.

Die Schauplätze wechseln rasch von New York
und London nach Marokko, wo sich eine Dame
der internationalen Society in Connery als saudi-
arabischen Botschafter verliebt. Der Film war so
schwach, dass er keinen britischen Verleih fand.

Die Brücke von Arnheim / A Bridge Too Far

USA 1977 – 163 Min. Farbe – V: United Artists.
R: Richard Attenborough. B: William Goldman
nach einem Roman von Cornelius Ryan.
K: Geoffrey Unsworth. M: John Addison.
D: Dirk Bogarde, James Caan, Michael Caine,
Sean Connery, Elliot Gould, Gene Hackman,
Anthony Hopkins, Hardy Krüger, Robert
Redford, Liv Ullmann.

Mit gewaltigem Aufwand inszeniertes Groß-
landeunternehmen, das die Alliierten 1944 hinter die deutschen Linien in Holland bringen
sollte. Auf historischen Ereignissen basierender
Kriegsfilm mit spektakulären Szenen und großem Staraufgebot. Connery als starrsinniger General Major Roy Urquart schottischer Herkunft.

**Der erste große Eisenbahnraub /
The First Great Train Robbery**

GB 1978 – 111 Min. Farbe – V: United Artists.
R: Michael Crichton. B: Michael Crichton nach
seinem Roman. K: Geoffrey Unsworth.
M: Jerry Goldsmith. D: Sean Connery, Donald
Sutherland, Lesley-Anne Down, Alan Webb,
Malcolm Terris, Robert Lang, Wayne Sleep.

Es war der größte Eisenbahncoup der Geschichte, den sich ein flottes Gaunertrio um die Mitte
des 19. Jahrhunderts in England ausgedacht hatte. Als eleganter Räuber hat Connery eine Menge
Spaß an akrobatischen Einlagen und verrückten
Stunts und deutet schon sehr elegant den Wech-
sel von James Bond zu Indiana Jones senior an.

Meteor / Meteor

USA 1979 – 107 Min. Farbe – V: Columbia /
EMI / Warner. R: Ronald Neame. B: Stanley
Mann, Edmund H. North. K: Paul Lohmann.
M: Laurence Rosenthal. D: Sean Connery,
Natalie Wood, Karl Malden, Trevor Howard,
Brian Keith, Martin Landau, Henry Fonda.

Amerikaner und Russen tun sich zusammen,
um einen auf die Erde zu rasenden Meteoriten
abzufangen. »Ärgerlich ist die allzu dilettanti-
sche, primitiv wiederholte Verwendung techni-
scher Tricks und Effekte« (»Lexikon des Science
Fiction Films«).

Explosion in Cuba / Cuba

USA 1979 – 121 Min. Farbe – V: United Artists.
R: Richard Lester. B: Charles Wood. K: David
Watkin. M: Patrick Williams. D: Sean Connery,
Brooke Adams, Louisa Moritz, Jack Weston,
Martin Balsam, Chris Sarandon, Hector
Elizondo.

In das politische Revolutionstheater um den
Sturz des Diktators Batista durch Fidel Castro
mixt Regisseur Richard Lester eine alte Liebesge-
schichte, Connery als britischer Söldner auf der
Seite des Diktators spielt dabei eine zwielichtige
Figur.

Outland – Planet der Verdammten / Outland

GB 1981 – 109 Min. Farbe – V: Columbia /
EMI / Warner. R: Peter Hyams. K: Stephen
Goldblatt. M: Jerry Goldsmith. D: Sean
Connery, Peter Boyle, James Sikking, Kika
Markham, Frances Sternhagen, Clarke Peters.

Der Western *Zwölf Uhr Mittags* in den Weltraum
verlegt: Marshall Connery muss auf einer außer-
irdischen Mine am Jupiter-Mond Korruption
aufdecken und ein paar Mordbuben im Allein-
gang zur Strecke bringen.

Time Bandits / Time Bandits

GB 1981 – 113 Min. Farbe – V: Handmade
Films. R: Terry Gilliam. B: Michael Palin, Terry
Gilliam. K: Peter Biziou. M: Mike Moran.
D: Sean Connery, Shelley Duval, Ian Holm,
John Cleese, David Warner, Craig Warwick,
Katherine Hellmond.

Ein Junge geht mit sechs Zwergen auf abenteuerliche Reise durch Raum und Zeit. Dabei begegnet er auch Agagmemnon, gespielt von Sean
Connery in einer kleinen Gastrolle; verrückt-tief-
sinniger Fantasyfilm.

**Flammen am Horizont / The Man with the
Deadly Lens / Wrong is Right**

USA 1982 – 118 Min. Farbe – V: Columbia.
R, B: Richard Brooks. K: Fred J. Koenenkamp.
M: Artie Kane. D: Sean Connery, George
Grizzard, Robert Conrad, Katherine Ross,
G.D. Spradling, John Saxon, Henry Silva,
Hardy Krüger, Dean Stockwell.

Als Star unter den karrieresüchtigen Fernseh-
journalisten in den USA gerät Connery zwischen CIA, TV-Gesellschaften und Regierung in
Schwierigkeiten, als er mit einer Gruppe Terroristen konfrontiert wird. Bizarre Satire auf die
amerikanische Konsumgesellschaft.

**Am Rande des Abgrunds /
Five Days One Summer**

USA 1982 – 100 Min. Farbe – V: Warner.
R: Fred Zinnemann. B: Michael Austin nach
einer Kurzgeschichte von Kay Boyle.

K: Giuseppe Rotunno. M: Elmar Bernstein. D: Sean Connery, Betsy Brantley, Lambert Wilson, Jennifer Hilary, Isabel Dean, Gerard Buhr, Anna Massey, Sheila Reid.

Connery geht mit seiner jugendlichen Geliebten auf halsbrecherische Klettertour in den Schweizer Alpen; die grandiose Bergwelt als Spiegelbild eines Gewissenskonfliktes.

Sword of the Valiant – The Legend of the Green Knight (deutscher Videotitel: Camelot – der Fluch des goldenen Schwertes)
GB 1983 – 101 Min. Farbe – R: Stephen Weeks. B: Stephen Weeks, Philip M. Breen, Howard C. Pen. K: Freddie Young, Peter Hurst. M: Ron Geesin. D: Miles O'Keefe, Trevor Howard, Leigh Lawson, Cyrielle Claire, Peter Cushing, Ronald Lacey, Lila Kedrova, John Rhys Davies, Douglas Wilmer, Sean Connery.

Connery gibt eine kurze Gastrolle als »grüner Ritter« in diesem farbenprächtigen Historienschinken, der in Deutschland nur im Fernsehen und auf Video gezeigt wurde.

Sag niemals nie / Never Say Never Again
USA 1983 – 133 Min. Farbe – V: Warner. R: Irvin Kershner. P: Jack Schwartzman, Kevin McClory. B: Lorenzo Simple. K: Douglas Slocombe. M: Michel Legrand. D: Sean Connery, Klaus Maria Brandauer, Kim Basinger, Barbara Carrera, Bernie Casey, Max von Sydow, Edward Fox, Palem Salem, Alec McCowen.

Modernisierte Version von *Feuerball*. Connery lässt noch einmal die Muskeln spielen, nicht ohne ironisches Augenzwinkern. Brillant Brandauer in seiner Rolle als Largo. Kim Basinger wurde für den Film entdeckt, Barbara Carrera für einen Golden Globe nominiert. Connerys letztes Bond-Abenteuer.

Highlander – Es kann nur einen geben / Highlander
USA 1985 – 116 Min. Farbe – V: 20th Century Fox. R: Russell Mulcahy. B: Gregory Widen, Peter Bellwood und Larry Ferguson. K: Gerry Fisher. M: Michael Kamen, Queen. D: Christopher Lambert, Roxanne Hart, Clancy Brown, Sean Connery, Beatie Edney, Alan North, Sheila Gish, Jon Polito, High Quarshie, Christopher Malcolm, Peter Diamond.

Zwei unsterbliche schottische Krieger aus dem 16. Jahrhundert liefern sich mörderische Schlachten im Manhattan der Gegenwart. Mischung aus Action, Monumentalfilm und Fantasy. Connery im historischen Gewand als Lehrmeister des Helden.

Der Name der Rose / Il nome de la rosa / Le nom de la rose
BRD/I/F 1986 – 129 Min. Farbe – V: Neue Constantin. R: Jean-Jacques Annaud. B: Andrew Birkin, Gérard Brach, Howard Franklin, Alain Godard nach dem gleichnamigen Roman von Umberto Eco. K: Tonino delli Colli. M: James Horner. D: Sean Connery, F. Murray Abraham, Christian Slater, Elya Baskin, Feodor Chaliapin jr., William Hickey, Michael Lonsdale, Ron Perlman, Volker Prechtel, Helmut Qualtinger, Valentina Vargas, Michael Habeck, Urs Althaus, Leopoldo Trieste.

Kloster-Thriller mit Connery als gelehrtem Franziskanermönch William von Baskerville in einer Rolle, die ihm endgültig Ruhm als Charakterdarsteller einbrachte. In den düsteren Klostermauern geht es nicht nur um theologische Fragen, sondern auch um mysteriöse Morde.

The Untouchables – Die Unbestechlichen / The Untouchables
USA 1986 – 120 Min. Farbe – V: Paramount. R: Brian De Palma. B: David Mamet. K. Stephen H. Burum. M: Ennio Morricone. D: Kevin Costner, Sean Connery, Robert De Niro, Charles Martin Smith, Andy Garcia, Jack Dehoe, Patricia Clarkson.

Al-Capone-Melodram aus dem Chicago der frühen dreißiger Jahre. In dem dramaturgisch brillant gestalteten Thriller spielt Connery einen ausgebufften älteren Cop, der dem Spezialagenten Ness (Kevin Costner) mit seiner reichen Erfahrung zur Seite steht. Einer der Höhepunkte ist die Referenz an Eisensteins *Panzerkreuzer Potemkin* (1925); Regisseur Brian de Palma hat die berühmte Treppenszene von Odessa in seinem Showdown in Chicago nachgestellt. Für seine Rolle gewann Connery einen Oscar.

Memories of Me – Das tragikomische Leben eines großartigen Versagers / Memories of Me

USA 1987 – 103 Min. Farbe – R: Henry Winkler. B: Eric Roth, Billy Crystal. D: Billy Crystal, Alan King, Jobeth Willians.

Sean Connery hat einen kurzen Gastauftritt. Der Film wurde in Deutschland nicht gezeigt.

Presidio / The Presidio

USA 1987 – 120 Min. Farbe – V: Paramount. R: Peter Hyams. B: Larry Ferguson. K: Peter Hyams, Albert Brenner. M: Bruce Broughton. D: Sean Connery, Mark Harmon, Meg Ryan, Jack Warden, Dana Gladstone, Mark Blum.

Connery als autoritärer Colonel hat ständig Zoff mit einem jungen Polizeidetektiv bei der Aufklärung eines Mordfalls. Die Stress-Situation erreicht ihren Höhepunkt, als sich der Detektiv in Connerys hübsche Tochter verliebt.

Indiana Jones und der letzte Kreuzzug /- Indiana Jones and the Last Crusade

USA 1989 – 127 Min. Farbe – R: Steven Spielberg. B: Jeffrey Boam. K: Douglas Slocombe. M: John Williams. D: Harrison Ford, Sean Connery, Denholm Elliott, Alison Doody, John Rhys-Davies, Julian Glover, River Phoenix.

Auf der Suche nach dem Heiligen Gral stolpert Indiana Jones mit seinem querköpfigen Vater, gespielt von Sean Connery, von einer Katastrophe in die nächste. Eine Achterbahnfahrt durch das Abenteuerkino, intelligent, rasant, zu Wasser und in der Luft, als Feuerwerk auf die Leinwand gemalt. Nebenbei tragen die beiden Protagonisten noch einen Vater-Sohn-Konflikt aus.

Family Business / Family Business

USA 1990 – 113 Min. Farbe – V: Tobis. R: Sidney Lumet. B: Vincent Patrick. K: Andrzej Bartkowiak. M: Cy Coleman. D: Sean Connery, Dustin Hoffman, Matthew Broderick, Rosana DeSoto, Janet Carroll, Victoria Jackson, Bill McCutcheson, Deborah Rush, Marilyn Cooper.

Eine spritzige Familiengeschichte aus dem New York von heute. Obwohl der Vater (Dustin Hoffman) alles versucht hat, aus seinem Sohn (Matthew Broderick) einen »anständigen« Jungen zu machen, brechen die kriminellen Chromosomen seines Großvaters (Sean Connery) wieder bei ihm durch. Die drei Männer drehen »das Ding«, den Diebstahl geheimer Unterlagen aus einem Forschungslabor. Connery hatte seinen Spaß dabei: »Ich denke, abgesehen vom Schluss haben wir gute Arbeit geleistet.«

Jagd auf Roter Oktober / The Hunt For Red October

USA 1990 – 135 Min. Farbe – V: Paramount. R: John McTiernan. B: Larry Ferguson und Donald Stewart, nach dem gleichnamigen Roman von Tom Clancy. K: Jan de Bont. M: Basil Poledouris. D: Sean Connery, Alec Baldwin, Scott Glenn, Sam Neill, James Earl Jones, Tim Curry, Richard Jordan, Peter Firth, Joss Ackland.

Zwischen Kaltem Krieg und Perestroika: Der Kapitän des russischen U-Bootes »Roter Oktober« entsorgt seinen Ersten Offizier, weil er zu den Amerikanern überlaufen will. Ein U-Boot wird durch die Weltmeere gejagt; der eisgraue Käptn ist kein anderer als Sean Connery. »Ein kolossaler Thriller« (»Daily Express«).

Das Russland-Haus / The Russia House

USA 1990 – 123 Min. Farbe – V: MGM Pathé. R: Fred Schepisi. B: Tom Stoppard nach dem gleichnamigen Roman von John Le Carré. K: Ian Baker. D: Sean Connery, Michelle Pfeiffer, Roy Scheider, John Mahoney, Klaus Maria Brandauer, James Fox, Ken Russell.

Um das Wettrüsten zu beenden, wird einem britischen Verleger in Moskau ein Manuskript mit sowjetischen Militärgeheimnissen zugespielt, das er prüfen soll; stattdessen verliert er sein Herz an eine Russin. Abgesang an den klassischen Agentenfilm, mit großartiger Besetzung, aber mäßig spannend.

Highlander II – Die Rückkehr/ Highlander II – The Quickening

USA 1990 – 100 Min. Farbe – V: Highlight. R: Russell Malcahy. B: Peter Bellwood. K: Phil Meheux. D: Christopher Lambert, Sean Connery, Virginia Madsen, Michael Ironside, John McGinley.

Noch einmal weiht Connery seinen Schüler in die Feinheiten des ewigen Lebens ein: Im Jahr 2024 kämpft der Highlander gegen böse Mächte und Außerirdische, die aus der zerstörten Ozonschicht Vorteil ziehen wollen.

Robin Hood – König der Diebe/ Robin Hood: Prince of Thieves

USA 1991 – 143 Min. Farbe – V: Warner Bros. R: Kevin Reynolds. B: John Watson. K: Douglas Milsome. M: Michael Kamen. D: Kevin Costner, Morgan Freeman, Christian Slater, Alan Rickman, Mary Elizabeth Mastrantonio, Sean Connery.

Kevin Costner als Robin Hood flieht mit einem Farbigen aus einem arabischen Kerker in Jerusalem, damit er in Sherwood Forest seine Arbeit gegen den gemeinen Sheriff aufnehmen kann. Es wird gefochten, gekämpft und gerächt; Connery spielt in einem Kurzauftritt König Richard als ironische Reminiszenz.

Medicine Man – Die letzten Tage von Eden/ Medicine Man

USA 1992 – 106 Min. Farbe – V: Hollywood Pictures. R: John McTiernan. B: Tom Schulman und Michael R. Müller nach einer Geschichte von Tom Schulman. K: Donald McAlpine. M: Jerry Goldsmith. D: Sean Connery, Lorraine Bracco, José Wilker, Rodolfo de Alexandre, José Lavat.

Connery als Dr. Robert Campbell hat im lateinamerikanischen Tropenwald eine Heilpflanze als Serum gegen Krebs entwickelt, eine junge Forscherin unterstützt ihn dabei. Aber böse Mächte arbeiten gegen ihn, der Urwald soll gerodet werden; das würde nicht nur sein Projekt ruinieren, sondern auch einen Indio-Stamm auslöschen.

Die Wiege der Sonne/Rising Sun

USA 1993 – 129 Min. Farbe – V: 20th Century Fox. R: Philip Kaufman. B: Philip Kaufman, Michael Crichton und Michael Backes, nach dem Roman von Michael Crichton. K: Michael Chapman. M: Toru Takemitsu. D: Sean Connery, Wesley Snipes, Harvey Keitel, Kevin Anderson, Cary Hiroyuki Tagawa, Mako, Ray Wise, Stan Egi, Stan Shaw, Tia Carrere.

In einem japanischen Großkonzern ereignet sich ein rätselhafter Mord, in Verdacht gerät der jähzornige Lover der ermordeten jungen Frau. Sean Connery und Wesley Snipes arbeiten an der Aufklärung des verwirrenden Falls; ein umstrittener Thriller, dem fremdenfeindliche Tendenzen nachgesagt wurden.

A Good Man in Africa (deutscher TV-Titel: Der letzte Held aus Afrika)

USA 1994 – 94 Min. Farbe – V: UIP. R: Bruce Beresford. B: William Boyd und Bruce Beresford, nach dem gleichnamigen Roman von William Boyd. K: Andrzej Bartkowiak. M: John du Prez. D: Sean Connery, Colin Friels, Sarah Jane Fenton, Joanne Whalley-Kilmer, John Lithgow, Louis Gossett jr., Diana Rigg.

Ein schussliger englischer Diplomat (Colin Friels) gerät in die Winkelzüge postkolonialer Politik in Afrika; arrogante Briten gegen selbstbewusste Schwarze. Connery glänzt mit beißendem Witz als Arzt und moralische Instanz und spielt nebenbei ausgiebig Golf.

Im Sumpf des Verbrechens/Just Cause

USA 1995 – 102 Min. Farbe – V: Warner Bros. R: Arne Glimcher. Ausführender Produzent:

Sean Connery. B: Jeb Stuart und Peter Stone. K: Lajos Koltai. M: James Newton Howard. D: Sean Connery, Laurence Fishburne, Kate Capshaw, Blair Underwood, Ruby Dee, Ed Harris.

Connery als berühmter Juraprofessor und ehemaliger Anwalt ist ein Gegner der Todesstrafe. Er rettet in einem Aufsehen erregenden Prozess einen Farbigen vor dem elektrischen Stuhl – doch dann kommt alles ganz anders. Spannender Thriller, der trotz brillanter Besetzung sein hochaktuelles Thema verschenkt.

Der 1. Ritter / First Knight
USA 1995 – 133 Min. Farbe – V: Columbia. R: Jerry Zucker. B: William Nicholson. K: Adam Greenberg. M: Jerry Goldsmith. D: Sean Connery, Richard Gere, Julia Ormond, Ben Cross, Liam Cunningham, Sir John Gielgud, Valentine Pelka.

Prachtvoll ausgestatteter Kostümfilm mit begeisternden Fehden und atemberaubenden Fechtszenen um das sagenhafte Camelot, König Artus (Sean Connery) und seine Ritter der Tafelrunde. Lanzelot (Richard Gere) rettet die jugendfrische Ginevra, verliebt sich in sie, doch die Schöne heiratet den weisen König Artus. Die Königin wird von dem niederträchtigen Malagant entführt, und wieder riskiert Lanzelot sein Leben für sie. Bis es zum Showdown kommt – mit bittersüßem Ende.

Dragonheart
USA 1996 – R: Rob Cohen. D: Dennis Quaid, David Thewlis, Pete Postlethwaite, Julie Christie.

Mittelalterliches Märchen um Ritter, Prinzen, Drachen, in dem Connery in der Originalfassung dem Lindwurm seine Stimme leiht (in der deutschen Fassung Mario Adorf).

The Rock – Fels der Entscheidung / The Rock
USA 1996 – 136 Min. Farbe – V: Hollywood Pictures / Buena Vista. R: Michael Bay. B: David Weisberg, Douglas S. Cook, Mark Rosner.

K: John Schwartzman. M: Hans Zimmer. D: Sean Connery, Nicolas Cage, Ed Harris, William Forsythe, Michael Biehn, David Morse.

Connery als zerknitterter Dauerhäftling John Mason wird für einen Spezialauftrag aus dem Knast geholt. Ein Ex-General hat mit seiner Truppe die Gefängnisinsel Alcatraz besetzt, Geiseln genommen und versucht nun, die Regierung um hundert Millionen Dollar zu erpressen. »Sean Connery beweist einmal mehr, dass er jeden Film tragen kann, und wirkt wie ein Fels in der Brandung der Bildersturmflut« (»Frankfurter Allgemeine Zeitung«).

Mit Schirm, Charme und Melone / The Avengers
USA 1998 – 89 Min. Farbe – V: Warner Bros. R: Jeremiah Chechik. B: Don MacPherson. K: Roger Pratt. M: Joel McNeely. D: Ralph Fiennes, Uma Thurman, Sean Connery, Patrick Macnee, Jom Broadbent, Fiona Shaw, Eddie Izzard, Eileen Atkins.

Connery als Sir August deWynter, ein machtbesessener Mensch, möchte durch Einsatz von Antimaterie das globale Wetter nach Lust und Laune manipulieren, um auf diese Art Regierungen erpressen zu können. Zwei Agenten versuchen seinen Plan zu vereiteln, müssen sich aber mit Killerbienen und ähnlichem Ungemach herumschlagen. Missglückte Komödie mit »läppisch wirkender Action« (»multimedia«).

Leben und Lieben in L.A. / Playing by Heart
USA 1998 – 120 Min. Farbe – V: Miramax. R, B: Willard Carroll. K: Vilmos Zsigmond. M: John Barry. D: Gillian Anderson, Ellen Burstyn, Sean Connery, Anthony Edwards, Angelina Jolie, Jay Mohr, Ryan Phillippe, Dennis Quaid, Madeleine Stowe, Gena Rowlands.

Ein Patchwork der Liebe: Wie in einem Puzzle fügt der Film die einzelnen Episoden um Sehnsucht, Sex, Enttäuschung und Eifersucht zu einem großen Tableau zusammen. Die Geschichten halten die Balance zwischen Kitsch und Melodram durch witzig-freche Dialoge und überraschende Wendungen.

Verlockende Falle / Entrapment

USA 1999 – 113 Min. Farbe – V: 20th Century Fox. R: Jon Amiel. B: Ronald Bass, Michael Hertzberg. K: Phil Meheux. M: Christopher Young. D: Sean Connery, Catherine Zeta-Jones, Ving Rhames, Will Patton, Maury Chaykin, Terry O'Neill.

Ein alternder Meisterdieb stiehlt Gemälde von Rembrandt und versteht es, eine junge Versicherungsagentin zu seiner Komplizin zu machen. Schließlich holen sie zum großen Computer-Coup aus und versuchen in der Silvesternacht zur Jahrtausendwende, die Bank in Kuala Lumpur auszurauben. Regisseur »Jon Amiel hat es mit leichter Hand als überaus sinnliche Choreografie inszeniert und kann sich ganz auf die Chemie zwischen Sean Connery und Catherine Zeta-Jones verlassen.« (»TIP«)

Forrester – Gefunden / Finding Forrester

USA 2000 – Farbe – V: Columbia Pictures – R: Gus van Sant. B: Mike Rich. K: Harris Savides. M: Bill Brown. D: Sean Connery, Bob Brown, F. Murray Abraham, Anna Pacquin, Busta Rhymes, April Grace, Michael Nouri, Zane R. Copeland jr.

Eines Tages schneit der junge Bob in das Apartment seines Nachbars, eines Einsiedlers mit silbernem Haarschopf. So beginnt die Geschichte einer Freundschaft zwischen einem talentierten farbigen Studenten und dem in die Jahre gekommen vergessenen Romanautor William Forrester.

Literatur

Asmus, Hans-Werner: *Star-Lexikon*. Hamburg 1990

Bach, Steve: *Final Cut*. New York 1987

Baumann, Hans D. / Arman Sahihi: *Der Film: Der Name der Rose*. Weinheim und Basel 1986

Callan, Michael Feeney: *Sean Connery. His Life and Films*. London 1983

Chapman, James: *Licence to Thrill. A Cultural History of the James Bond Films*. London 1999

Hahn, Ronald M. / Volker Jansen: *Lexikon des Science Fiction Films*. München 1984

Heinzlmeier, Adolf: *Raub und Mord. Banditen und Sozialrebellen in Leben, Legende und Film*. Frankfurt 1981

Hembus, Joe: *Das Western-Lexikon*. 4. Aufl. München 1997

Kobler, John: *Al Capone*. Bern, München, Wien 1971

Parker, John: *Sean Connery. Von James Bond zu Bruder William*. München 1995

Passingham, Kenneth: *Sean Connery*. New York 1983

Rubin, Steve / Siegfried Tesche: *007 James Bond. Die Geschichte der erfolgreichsten Filmserie*. Hamburg 1987

Seeßlen, Georg: *Der Asphalt-Dschungel. Geschichte und Mythologie des Gangster-Films*. Reinbek 1980

Sellers, Robert: *Sean Connery. A Celebration*. London 1999

Tesche, Siegfried: *Sean Connery. Die Biografie*. Berlin 2000

Truffaut, François: *Mr. Hitchcock, wie haben Sie das gemacht?* München 1973

Zinneman, Fred: *An Autobiography*. London 1992

Register

Kursiv gesetzte Seitenzahlen beziehen sich auf Abbildungen

A Bridge too Far → *Die Brücke von Arnheim*
A Fine Madness → *Simson ist nicht zu schlagen*
A Good Man in Africa → *letzte Held aus Afrika, Der*
Abraham, F. Murray 144, 173
Action of the Tiger → *Operation Tiger*
Adams, Ken 71
Adorf, Mario 98
Adventures of Robin Hood, The → *Robin Hood, der König der Diebe*
African Queen 117, 157
Alice's Restaurant 100
Allen, Lewis 42
Allen, Woody 53
Altman, Robert 100
Am Rande des Abgrunds 132, *133*, 182
Amadeus 173
An Age of Kings 38
Anderson, Gillian 170
Anderson-Clan, Der 78, 102 f., 180
Anderson Tapes, The → *Anderson-Clan, Der*
Andress, Ursula 58, 62
Anna Karenina 38
Annaud, Jean-Jacques 143, *144*
Another Time, Another Place → *Herz ohne Hoffnung*
Antonioni, Michelangelo 100, 130

Apocalypse Now 115
Armendariz, Pedro 67
Attenborough, Richard 125
Auger, Claudine 72, *73*, *80*, 82
Avengers, The → *Mit Schirm, Charme und Melone*

Bacall, Lauren 111
Baker, Ian 155
Baker, Stanley 39
Balsam, Martin 111
Bannen, Ian 107
Bardot, Brigitte 95 f.
Barker, Lex 42
Basinger, Kim 82, 133, 136
Bellwood, Peter 141
Beresford, Bruce 159
Bergen, Candice *113*, 115
Bergman, Ingrid 111
Bianchi, Daniela 67, 82
Bisset, Jacqueline 111
Blackboard Jungle, The → *Saat der Gewalt*
Blackman, Honor 71, 96
blinde Spinne, Die 37, 176
Blow up 65, 130
Bogarde, Dirk 125
Bogart, Humphrey 13, 16, 116, 157
Boorman, John 10, 64, 107, 109, 163
Bowie, David 143
Boyd, Stephen 95
Bracco, Lorraine 157
Brandauer, Klaus Maria 82 f., 135, 153, 155
Brando, Marlon 37, 43, 96, 117, 148
Brantley, Betsy *133*

Broccoli, Albert 12, *44*, 52 ff., 59 f., 65, 71 f., 78, 82, 86, 106, 133 ff., 137, 139
Broderick , Matthew *152*, 146, 152
Brooks, Richard 131 f.
Brown, Rob *172*, 173
Brücke von Arnheim, Die 124 f., 181
Bullitt 167
Burton, Richard 10, 53, 72, 113

Caan, James 125
Cage, Nicolas 17, *166*, 167
Caine, Michael 13, 39 f., 53, 100, 113, 116, 125, 139, 143
Camelot – Der Fluch des Goldenen Schwertes 133, 183
Capeshaw, Kate 133
Capricorn One → *Unternehmen Capricorn*
Carrera, Barbara 136, 139
Carrere, Tia 159
Carroll, Willard 169 f.
Casino Royal 53
Cassel, Jean-Pierre 111
Celi, Adolfo *73*, 83
Chamberlain, Richard 130
Chaplin, Charlie 10
Chef, Der 127
Chinatown 114
Christie, Julie 72
Cilento, Diane 38, 43 ff., 55, 73 f., 93, *104*, 105, 113
Clement, Dick 136
Collins, Joan 35, 120
Colombe 38
Comfort and Joy 138
Commander Jamaica 52

Cooper, Gary 96, 131
Coppola, Francis Ford 100, 115
Corbucci, Sergio 92
Costner, Kevin 147f., 156
Crenna, Richard 127
Crichton, Michael 126f., 158
Cuba → Explosion in Cuba 128, 182
Cummings, Peggy 40

Dahl, Roald 74
Darby O'Gill and the Little People 42, 177
Davis, Peter 141
De Niro, Robert 148
De Palma, Brian 148
Dean, James 43
Diamantenfieber 79, 83, 106, 180
Diamonds Are Forever → Diamantenfieber
Die Hard → Stirb langsam
Dietrich, Marlene 35
Disney, Walt 43
Donner, Richard 135
Douglas, Michael 162
Down, Lesley-Anne 127
Dr. No → 007 jagt Dr. No
Dragonheart 165f., 186
Driving Miss Daisy → Miss Daisy und ihr Chauffeur
Duell am Steuer 39, 176

Eastwood, Clint 119
Easy Rider 100
Eaton, Shirley 80
Edwards, Blake 120
Eichinger, Bernd 140, 143, 144
Ein Haufen toller Hunde 7, 91, 92, 102, 178
Empire Strikes Back, The → Imperium schlägt zur, Das
Enfield, Cy 40

Entrapment → Verlockende Falle
erste große Eisenbahnraub, Der 22, 126f., 129, 182
1. Ritter, Der 163ff., 165, 186
Excalibur 163
Explosion in Cuba 128, 130, 182
Eyck, Peter van 96

Fairbanks, Douglas 121
Family Business 146, 152, 156, 184
Fanck, Arnold 132
Ferguson, Larry 141
Ferretti, Dante 146
Feuerball 72, 73, 74, 83f., 86, 93, 133, 137, 178
Fiennes, Ralph 168
Finding Forrester → Forrester – Gefunden
Finnay, Albert 52, 111, 139
First Great Train Robbery, The → Der erste große Eisenbahnraub
First Knight → 1. Ritter, Der
Five Days One Summer → Am Rande des Abgrunds
Flammen am Horizont 131f., 182
Flash Gordon 26
Flynn, Errol 141
Fonda, Henry 128
Ford, Harrison 119, 149ff.
Forrester – Gefunden 172, 187
Forsyth, Bill 138
Fox, Edward 125f.
Frightened City, The → Peitsche, Die
Fröbe, Gert 11, 68, 71, 82
From Russia with Love → Liebesgrüße aus Moskau

Gable, Clark 40, 116, 153
Gardner, Ava 163

Garner, James 120
Gavin, John 79
Gere, Richard 163, 165
Gibson, Mel 168
Gielgud, Sir John 111, 174
Gilbert, Lewis 12
Gilliam, Terry 131
Glimcher, Arne 162
Golden Eye 80
Goldfinger 15, 61, 68, 69, 71, 80, 82, 86, 91, 178
Goldman, James 122
Good Will Hunting 173
Grant, Cary 53, 67, 90
Gray, Charles 83

Hackman, Gene 125
Hagman, Larry 33
Hamilton, Guy 58
Hardy, Robert 101
Harmon, Mark 148
Harris, Ed 162
Harris, Richard 97f.
Harrison, Rex 53
Harwood, Johanna 58
Hawkins, Jack 96
Hedren, Tippi 90
Hell Drivers → Duell am Steuer
Hepburn, Audrey 124
Herz ohne Hoffnung 40, 41, 176
Hexenjagd 38
High Noon → Zwölf Uhr mittags
Highlander – Es kann nur einen geben 140, 141, 155, 183
Highlander II – Die Rückkehr 155f., 185
Hill, The → Ein Haufen toller Hunde
Hitchcock, Alfred 65, 67f., 90f.
Hoffman, Dustin 120, 143, 146, 152, 162
Hombre 93, 97

Hopkins, Anthony 125
Howard, Trevor 53, 107, 128
Hunt for Red October, The
→ *Jagd auf Roter Oktober*
Hunt, Peter 63
Hurt, John 140
Huston, John 116 f.
Hyams, Peter 130, 131

Il nome de la rosa → *Name der Rose, Der*
Im Geheimdienst ihrer Majestät 78
Im Sumpf des Verbrechens 161, 185
Imperium schlägt zurück, Das 135
In der Hitze der Nacht 162
In the Heat of the Night → *In der Hitze der Nacht*
Indiana Jones und der letzte Kreuzzug 143, 149, 151, 184

Jagd auf Roter Oktober 153, 156, 184
Jäger des verlorenen Schatzes 149
James Bond jagt Dr. No 55, 58, 59, 64 f., 68
Jeremiah Johnson 115
Jewison, Norman 162
Jolie, Angelina 169, 170
Just Cause → *Im Sumpf des Verbrechens*

Kalatosov, Michael 98
Kaufman, Philip 158
Keitel, Harvey 159
Kelly, Gene 40
Kelly, Grace 90
Kershner, Irvin 135
Korda, Alexander 52
Krieg der Sterne 135
Krüger, Hardy 98, 125
Kubrick, Stanley 79

La Frenais, Ian 136
Lambert, Christopher 140, 141, 156,
Langdon, Sue Anne 93
längste Tag, Der 44, 177
Laughton, Charles 35
Lazenby, George 78, 98
Leben und Lieben in L.A. 169, 186
Leigh, Vivian 35
Leighton, Den 133 f.
Lenya, Lotte 67
Leone, Sergio 92
Lester, Richard 122, 128
letzte Held aus Afrika, Der 159, 185
Liebesgrüße aus Moskau 22, 47, 49, 61, 63 ff., 67, 68, 80, 82, 178
Lithgow, John 161
Lollobrigida, Gina 64, 65, 89
Lom, Herbert 40, 43
Longest Day, The → *längste Tag, Der*
Lumet, Sidney 78, 102, 107, 110 f.

MacNeil 39
Maibaum, Richard 58, 80
Malden, Karl 128
Man lebt nur zweimal 12, 74, 78, 83, 95 f., 179
Man Who Would be King, The → *Mann, der König sein wollte, Der*
Man with the Deadly Lens, The → *Flammen am Horizont*
Mankiewicz, Tom 80
Mann, der König sein wollte, Der 116 f., 119 f., 181
Marnie 7, 65, 68, 90 f., 178
Mason, James 53, 55
Maxwell, Lois 11
McClory, Kevin 52, 71 f., 133 ff., 173

McGoohan, Patrick 40, 53
McTiernan, John 153 f., 157
Medicine Man – Die letzten Tage von Eden 8, 156, 185
Mein großer Freund Shane 33
Melville, Jean-Pierre 127
Memories of Me – Das tragikomische Leben eines großartigen Versagers 184
Merchant, Vivien 107
Merritt, John 109
Meteor 128, 130, 182
Milius, John 115, 153
Minelli, Liza 119
Miss Daisy und ihr Chauffeur 159
Mit Schirm, Charme und Melone 168 f., 186
Moby Dick 16
Molly Maguires, The → *Verflucht bis zum jüngsten Tag*
Monroe, Marilyn 10
Moore, Roger 35, 87, 130, 134 f., 138
Mord im Orient-Express 110, 111, 180
Morricone, Ennio 148
Mulcahy, Russell 156
Murder on the Orient Express → *Mord im Orient-Express*

Name der Rose, Der 7, 9, 23, 140, 144, 145 f., 183
Nelson, Barry 52
Never Sag Never Again → *Sag niemals nie*
Newman, Paul 93, 116
Next Man, The → *Öl*
Nicholson, Jack 16, 114
Niven, David 53, 55
No Road Back → *blinde Spinne, Die*
North by Northwest → *unsichtbare Dritte, Der*
007 jagt Dr. No 177

O'Neal, Ryan 125
Octopussy 134 f., 138
Offence, The → Sein Leben in meiner Gewalt
Öl 124, 181
Olivier, Laurence 39, 117, 125
On Her Majesty's Secret Service → Im Geheimdienst ihrer Majestät
On The Fiddle 43, 53, 177
Operation Tiger 16, 40, 176
Ormond, Julia 164, 165
Osborne, John 52, 55
Outland – Planet der Verdammten 130, 182

Pacquin, Anna 173
Palance, Jack 37
Palin, Michael 131
Panzer, Bill 141
Patrick, Vincent 153
Peck, Gregory 16
Peitsche, Die 16, 43, 177
Penn, Arthur 100
Perkins, Anthony 111
Pfeiffer, Michelle 133, 154, 155
Piano, Das 173
Picker, David 79, 106
Playing by Heart → Leben und Lieben in L.A.
Pleasence, Donald 76, 82, 83, 140
Polanski, Roman 101
Presidio 146, 148, 149, 184

Quaid, Dennis 166, 170

Raiders of the Lost Ark → Jäger des verlorenen Schatzes
Rakoff, Alvin 37
Rampling, Charlotte 109
Ransom → Die Uhr läuft ab
Red Tent, The → rote Zelt, Das
Redford, Robert 114 ff., 125

Redgrave, Michael 53
Redgrave, Vanessa 110, 111
Requiem for a Heavyweight 36, 40
Reynolds, Burt 79
Richardson, Ralph 89
Richardson, Tony 52
Rigg, Diana 161
Rising Sun → Wiege der Sonne, Die
Ritt, Martin 97
Robin and Marian → Robin und Marian
Robin Hood – König der Diebe 185
Robin Hood, der König der Vagabunden 121
Robin und Marian 122, 124, 128, 181
Robinson, Sally 157
Robson, Flora 35
Rock, The – Fels der Entscheidung 17, 166, 167 f., 186
rote Zelt, Das 98, 179
Rowlands, Gena 169 f.
Russia House, The → Russland-Haus, Das
Russland-Haus, Das 154, 184
Ryan, Meg 146, 148

Saat der Gewalt 132
Sag niemals nie 12, 81 ff., 87, 134, 136, 138, 173, 183
Sakata, Harold 71
Saltzman, Harry 44, 52 ff., 59, 65, 71 f., 78, 106, 133
Sample jr., Lorenzo 136
Samstagnacht bis Sonntagmorgen 52
Sant, Gus van 173
Saturday Night and Sunday Morning → Samstagnacht
Schell, Maximilian 125
Schulman, Tom 157
Schwartzman, Jack 135, 138

Schweigen der Lämmer, Das 162
Scofield, Paul 39
Scorsese, Martin 100
Scott, Gordon 43
Sein Leben in meiner Gewalt 16, 22, 106 f., 119, 180
Shalako 95 f., 179
Sharpe, Cornelia 125
Shaw, Robert 67, 82, 122
Sheybal, Vladek 67
Shogun 130
Silence of the Lambs, The → Schweigen der Lämmer
Simon ist nicht zu schlagen 93, 135, 179
Slater, Christian 144
Spartacus 79
Spielberg, Steven 7, 119, 149, 151
Square Ring, The 38
Stewart, Jackie 139
Stewart, James 53, 96
Stirb langsam 153
Stoppard, Tom 157
Stowe, Madeleine 170
Strode, Woody 96
Strohpuppe, Die 16, 19, 64, 65, 89, 178
Sumpf des Verbrechens 163
Sundance Kid 114
Sutherland, Donald 22, 127
Sword of the Valiant – The Legend of the Green Knight 133, 183
Sydow, Max von 135

Tarzans größtes Abenteuer 43, 177
Taylor, Robert 163
Thunderball → Feuerball
Thurman, Uma 168
Time Bandits 131, 182
Time Lock → Zwölf Sekunden bis zur Ewigkeit

Tom Jones 104
Trench, Sylvia 59
Truffaut, François 90
Tully, Montgomery 38
Turner, Lana 40, *41*, 42 f., 52

Uhr läuft ab, Die 110, 180
Ullman, Liv 125
Un flic → Chef, Der
unsichtbare Dritte, Der 67
Unternehmen Capricorn 130
Untouchables, The – Die Unbe-
    stechlichen 9, 16, *147*, 148,
    183

Verflucht bis zum jüngsten Tag
    8, *97*, 179
Verlockende Falle 171, *174*, 187

Wakabayashi, Akiko *74, 80*
Weinlaub, Jerry 168
weiße Hölle vom Piz Palü, Die
    132
Welch, Raquel 72
Welles, Orson 134
Whittingham, Jack 71
Widmark, Richard 111
Wiege der Sonne, Die 158, 185
Wilson, Lambert *133*
Wind and the Lion, The
    → Wind und der Löwe, Der
Wind und der Löwe, Der *23*,
    113, 114 f., 117, 119, 181
Wiseman, Joseph 82
Wizzard of Oz, The → zauber-
    hafte Land, Das
Woman of Straw → Die
    Strohpuppe
Wood, Natalie 128
Woodward, Joanne 93
Wrong is Right → Flammen am
    Horizont

York, Michael 111
You Only Live Twice → Man
    lebt nur zweimal
Young, Terence 36, 40, 54, 58,
    68, 72, 105

Zabriskie Point 100
Zardoz 10, *23*, 107, 109 f., 180
zauberhafte Land, Das 109
Zeta-Jones, Catherine 133,
    171 f., *174*
Zinnemann, Fred 132
Zucker, Jerry 163
Zwölf Sekunden bis zur Ewigkeit
    40, 176
Zwölf Uhr mittags 131 f.

Bildnachweis

CINETEXT Bildarchiv,
Frankfurt: Seite 21, 22 l., 23 r.,
94, 104, 108, 112, 118, 122,
129, 133, 154, 160, 165, 166,
168, 169, 172, 175.

Alle übrigen Fotos aus dem
Archiv des Autors.